한국전통사상과
새로운 노동관

계명대학교 한국학연구 총서 25

한국전통사상과 새로운 노동관

홍승표 외

계명대학교 출판부

머리말

수년전에 『동양사상과 탈현대의 여가』란 책이 출판되었다. 필진의 교체가 좀 있었지만 지금 이 책은 그 책의 속편에 해당한다. 『동양사상과 탈현대의 여가』란 책의 목표는 동양사상의 기반 위에서 여가시간의 창조적인 사용에 대한 아이디어를 발굴하는 것이었다. 지금 이 책의 목표는 동양사상의 기반 위에서 현대사회에서 노동에 부여된 특권적인 지위를 박탈하는 작업을 수행하는 것이다.

지금 이 시대에서 일어나고 있는 가장 중요한 사회구조적인 변화는 '노동 중심적인 삶의 구조' 로부터 '여가 중심적인 삶의 구조' 로의 전환이다. 산업혁명이 인간의 근력을 기계력으로 대체하는 것이었다면, 최근 기술변동의 핵심은 인간의 지력을 인공지능으로 대체하는 것이다. 인간 노동력이 근력과 지력으로 구성되어 있음을 상기한다면, 결국 새로운 사회구조는 생산 영역에서 더 이상 인간 노동력을 필요로 하지 않는 방향으로 급속히 변화해가고 있는 것이다. 이것은 역사운동의 필연적인 과정으로 불가역적인 것이다.

이런 사회구조적인 변동의 의미는 무엇인가? 그것은 인류역사상 처음으로 대중적인 차원에서 '노동 없는 삶의 구현' 이 가능해져가고 있음을 의미하며, 동시에 물질적인 생산과 소비, 욕망의 추구와 충족에 그 중심이 놓여 있던 인류 존재 수준의 수직적인 상승을 위한 기회의 도래를 의미한다.

이렇듯 현재의 사회구조적인 변동은 인간 해방의 메시지를 담고 있음에도 불구하고, 실제로 이런 사회구조적인 변동을 바라보는 인류의 시선은 음울하기만 하다. 현 인류가 신기술혁명을 바라보는 시선은 산업혁명 초기 기계파괴운동을 일으켰던 숙련노동자들이 산업혁명을 바라보는 시선과 닮아 있다.

현재의 사회구조적인 변동을 바라보는 인류의 시선이 음울하기만 한 까닭은 무엇인가? 그 이유는 현 인류가 현대 노동관에 고착되어 있기 때문이다. 현대 노동관은 노동을 '인간이 자신의 인간다움을 실현해나가는 가장 인간적인 활동'이라고 규정한다. 노동에 대한 이런 긍정적이며 궁극적인 의미 부여는 아주 이례적인 일이다. 동서양을 막론하고 현대 이전의 사회에서는 처벌로서의 노동관 또는 고역으로서의 노동관이 지배적이었으며, 노동에 대한 태도는 부정적이고 소극적인 것이었다.

머리말

노동에 대해 새로운 의미가 부여된 것은 근대 초기였다. 루터나 칼뱅과 같은 개신교 신학자들이 직업 노동이란 신의 뜻에 가장 부합하는 활동이라고 하는 새로운 견해를 제시한 것이 출발점이 되었다. 이들이 노동에 종교적인 의미를 부여하면서, 직업 노동에 대한 관점은 극적인 전환을 이루었다. 새로운 노동관은 현대문명 건설의 원동력으로 작용했다.

이렇듯 현대 노동관은 한 때는 역사발전의 원동력이었다. 하지만 오늘날에 이르러서 현대 노동관은 역사발전의 걸림돌이 되고 있다. 돌이켜 생각해보면, 헤겔과 마르크스에 의해 정립된 '노동은 인간이 자신의 인간적인 본질을 실현해나가는 가장 인간적인 활동'이라는 규정은 상식적으로 납득이 가지 않는 이상한 관념이다.

그러나 시대와도 맞지 않는 이 관념이 이 시대 인류의 의식에 고착되면서 커다란 문제를 야기 시키고 있다. 현대 노동관은 인간 노동력에 대한 사회적인 수요를 급진적으로 감소시켜나가는 새로운 사회구조를 창조적으로 해석하는 것을 불가능하게 한다. 또한 일자리가 줄어드는 가운데, 일자리를 창출하려고 하는 무의미하면서도 불가능한 시도를 끊임없이 야기 시키고 있다.

문제는 새로운 사회구조가 아니라 이제는 낡아서 시대와 조화를 이룰 수 없는 현대 노동관이다. 현대 노동관을 해체시키는 일은 역사 발전을 위해 지금 이 시대가 수행해야할 시급한 과제이다. 그리고 이 책은 그 작업을 수행하고자 한다. 그런데 이 책의 저자들은 왜 동양 사상의 바탕 위에서 이 작업을 수행하고자 하는가? 그 답은 다음과 같다.

현대 노동관은 현대 인간관과 밀접히 연결되어 있다. 현대 인간관의 한 가지는 '인간이 자신의 욕망 충족의 극대화를 추구하는 욕망의 주체' 라는 것이다. 노동이란 무엇인가? 노동이란 '자연을 인간의 욕망 충족에 적합한 형태로 변형시켜나가는 활동' 이다. 인간을 욕망 주체로 간주했을 때, 노동은 인간다움을 이루어나가는데 기여하는 궁극적인 활동으로서의 의미를 갖게 된다. 이것이 현대사회에서 노동의 의미가 끝없이 고양되게 된 근본 원인이다.

그렇다면 현대 노동관의 해체를 위해서는 새로운 인간관이 필요하다. 욕망 주체로서의 인간을 넘어서는 새로운 인간에 대한 규정이 필요하다. 새로운 인간관의 요체는 '사랑할 수 있는 존재로서의 인간' 이다. 새로운 인간관의 관점에서 보면, 노동이란 도구적인 활동에 불과한 것이며, 피할 수 있다면 피하고 싶은 고역일 따름이다. 다시 말하자면, 새로운 인간관이 정립되면, 현대 노동관은 해체된다.

이 책은 동양사상에서 새로운 인간관을 찾아 구성해보고자 했다. 왜냐하면 유불도로 대표되는 동양사상에는 '사랑할 수 있는 존재로서의 인간'이란 새로운 인간관이 분명하게 형상화되어 있고, 정밀하게 발전해 있기 때문이다. 동양사상이 새로운 인간관을 품고 있다면, 필연적으로 거기에는 현대 노동관과는 근본적으로 다른 새로운 노동관이 내포되어 있을 것이다.

이와 같이, 동양사상 속에서 새로운 인간관과 새로운 노동관을 발굴해서, 현대 노동관을 해체하고, 인류 발전의 새로운 비전을 제시하고자 하는 것이 이 책의 목표이다. 현대 노동관의 해체라고 하는 이 시대가 해결해야할 중요한 과제에 대해, 이 책은 동양사상의 기반 위에서 해결책을 제시하고자 한다. 물론 이 책은 이 거대한 작업의 끝이 아니라 하나의 작은 시작이라고 본다.

이 책이 나오기까지 많은 분들이 도움을 주셨다. 그 중에서도 많은 도움과 격려를 아끼지 않은 계명대학교 한국학연구원 이윤갑 원장님께 깊이 감사드린다. 이 책이 출판되기까지 연락과 편집을 비롯해 온갖 수고를 도맡아 준 정혜숙 박사님께 깊은 감사의 마음을 표한다.

2010년 5월

필자를 대표하여 홍 승 표

목차

동양사상 속에 담긴 새로운 노동관 찾기

홍승표 (계명대학교)

동양사상 속에 담긴 새로운 노동관 찾기

홍 승 표 (계명대학교)

1. 왜 새로운 노동관을 찾아야 하는가

이 글에서 필자는 동양사상 속에서 새로운 노동관을 찾아보는 작업을 해보고자 한다. 필자가 새로운 노동관을 찾으려고 하는 이유는 무엇인가? 그 이유는 이 시대가 새로운 노동관을 절실히 요구하고 있기 때문이며, 현대 노동관을 끌어안고서는 미래의 새로운 문명으로 나아갈 수 없기 때문이다.

인류는 지금 매우 민감하고 중요한 시기를 살아가고 있다. 한편으로 보면, 지금 이 시대는 낡은 문명이 막을 내려야만 하는 현대문명의 말기이다. 다른 한편으로 보면, 지금 이 시대는 새로운 문명이 싹을 틔우는 탈현대문명의 초기이다. 즉 현재는 현대로부터 탈현대로의 문명 대전환기이다. 지금 이 시기를 어떻게 보내는가에 따라서, 인류는 문명의 대파국에 직면할 수도 있고, 지금껏 인류가 상상하지 못했던 아름다운 신문명으로 문명의 대도약을 이룰 수도 있다.

역사를 돌이켜 보면, 언제나 문명 대전환기에는 동일한 현상이 반복된다. 그것은 지속적인 힘을 갖고 있는 낡은 문명과 새롭게 출현하는 새로운 문명 간의 문명 충돌이다. 우리가 살고 있는 지금 이 시대에도 똑같은 일이 벌어지고 있다. 낡은 현대 세계관이 여전히 현대인의 의식에 지배적인 영향력을 행사하고 있는 가운데, 새로운 탈현대 사회구조가 출현하고 있다.

이에 따라서, 지금 이 시대에는 탈현대 사회구조와 현대 세계관 간에 격심한 충돌이 일어나고 있다. 현대 세계관과 탈현대 사회구조 간의 충돌은 문명 대전환기를 살아가는 현대인에게 격심한 고통을 주고 있다. 이 시대를 살아가는 현대인에게 이 고통은 고통 자체로만 느껴지지만, 사실 현 인류가 겪고 있는 이 고통의 본질은 탈현대문명 탄생을 위한 산통産痛, 즉 창조적인 고통이다.

이런 문명 대충돌의 중심에 여가시간이 삶의 중심을 차지하는 새로운 사회구조와 노동을 통한 인간의 자기실현을 내세우는 낡은 노동관 간의 충돌이 있다. 인공지능이 기계와 결합하면서, 생산 자동화가 급속히 확산되고 있고, 이에 따라서 생산현장에서는 인간 노동력에 대한 수요가 빠른 속도로 감소하고 있다. 그러나 여전히 노동 그 자체를 자기목적으로 생각하는 현대 노동관이 확고하게 현대인의 의식을 지배하고 있다. 이에 따라서, 인간 노동을 점점 덜 필요로 하는 새로운 사회구조와 노동 자체를 자기실현의 주된 통로로 간주하는 낡은 노동관 간의 충돌은 현 인류의 삶을 고통스럽게 하고 있다.

생산에 있어 인간의 노동력에 대한 필요가 감소하는 경향은 사실은 인류문명의 발생과 더불어 시작되었고, 이것은 불가역적으로 가속화되어 왔다. 문명의 시작과 더불어 인간은 본격적으로 도구를 사용하게 되었고, 도구의 사용은 단위 생산을 위해 필요한 인간 노동력을 감소시켰다. 노동력에 대한 필요의 감소는 꾸준하게 그러나 더디게 진행되다가 산업혁명의 발발과 더불어 급진적으로 진행되었다. 기계를 이용한 생산이 보편화되면서, 기계력은 인간의 근력을 대신하게 되었고, 생산현장에서 인간 노동에 대한 수요는 급진적으로 감소하게 되었다.

최근 또 한 번의 혁명적인 기술혁신이 일어났는데, 그것은 인공지능이 인간의 지력을 대신하는 생산 자동화라는 혁신이다. 이에 따라서, 무인 공장이 출현하는 등 생산 현장에서 인간 노동력에 대한 수요는 다시 한 번 급진적으로 감소하게 되었다. 결국 현 인류는 생산력은 증대되지만 일자리는 줄어드는 새로운 상황에 직면하고 있는 것이다.

이렇듯 일자리는 빠른 속도로 줄어들고 있지만, 일자리를 가져야한다는 낡은 가치관은 여전히 우리 시대 속에서 강력한 영향력을 갖고 있다. 그 결과, 오늘날 줄어든 일자리를 차지하기 위한 취업 경쟁이 격화되고 있다. 과거에는 그렇게 좋은 직업으로 여겨지지 않았던 분야에서조차도 경쟁률이 높아지고 있다. 취업이 어려워짐에 따라서, 대학은 취업을 준비하는 학원으로 변모해가고 있다. 시간이 갈수록 사회는 보다 적은 수의 일군을 필요로 하는데, 현대교육은 과거 어느 때보다 일군을 키우는데 전념하는 기이한 현상이 지금 이 시대 속에서 벌어지고 있는 것이다.

일단 직장에 입사하고 나서도, 과거보다 승진을 위한 경쟁이 심해지고, 직장의 안정성이 떨어지며, 중간에 실직을 하거나 명예퇴직을 강요받는 일이 많아졌다. 일자리가 줄어드는데 비해서 구직자는 감소하지 않기 때문에, 근무조건도 나빠지고 있다. 정년퇴직을 하는 경우조차도 평균수명이 가파르게 증가하고 있기 때문에 직업 없이 보내야 하는 노년기의 시간이 길어지고 있다. 그래서 노동을 자신의 존재 이유로 생각하는 대부분의 현대인들은 한탄스럽게 노동 없는 노년기를 바라보고 있다.

이런 이 시대의 풍경은 한 편의 블랙 코미디를 보는 것과 같다. '노동 없는 세계'란 인류의 오랜 꿈이었다. 고대 신화를 보면, 인류가 그리고 있는 이상향의 공통점은 '노동의 고통이 없는 세상'이었다. 로마제국을 지탱했던 수많은 노예들, 조선사회의 노비들, 중세의 농노들, 19세기 미국남부의 흑인노예들 등 전현대사회의 절대 다수를 점했던 노동자들의 꿈은 한 결 같이 고통스런 노동에서 해방되는 것이었다. 반면에, 로마제국의 귀족들, 조선사회의 양반들, 중세의 영주들, 미국남부의 백인농장주들 등과 같은 소수의 지배계급들은 노동에서 면제된 자신의 운명에 깊이 감사했고, 이를 즐겼다.

인류는 지난 수천 년 간의 엄청난 노동을 통해서 지금 인류 대다수가 노동의 고역으로부터 해방될 수 있는 새로운 사회의 목전에 도달했다. 그런데 이런 변화를 바라보는 현 인류의 시선은 음울하기만 하다. 왜 그런 것일까? 그 이유는 명백하다. 대다수의 현대인이 이제는 낡아버린 현대 노동관의 지배를 받고 있기 때문이다. '노동을 통한 인간의 자기실현'이란 관점에서 바라보면, 탈현대의 새로운 사회구조는 인간 소외를 양산하는 고통스런 것일 따름이다.

현대 노동관과 새로운 사회구조가 이렇게 격심한 충돌을 일으키고,

양자가 화해할 수 있는 지점을 찾을 수 없다면, 인류는 어떤 선택을 해야 할까? 새로운 사회구조의 출현을 가로막아야할까? 이것은 역사의 수레바퀴를 거꾸로 돌리는 일이며, 가능하지 않을 뿐 아니라 바람직하지도 않다. 19세기 초 산업혁명이 일어나면서 기계를 이용한 상품의 대량 · 염가생산이 확산되자, 수공업 종사하던 숙련노동자들의 삶은 심한 압박을 겪었다. 새로운 사회구조의 출현과 확산에 분노한 노동자들은 영국 노팅엄 면직물공업지대를 필두로 기계파괴운동(Luddite Movement)을 일으켰다. 기계파괴운동은 자명하게도 실패로 끝났다.

지금 이 시대는 기계파괴운동에 앞장섰던 숙련노동자들과 똑같은 방식으로 새로운 사회구조에 대응하고 있다. 국가 차원에서 보면, 세계의 모든 정부들은 새로운 일자리 창출에 혈안이 되어 있다. 모든 대통령 후보는 일자리를 새롭게 창출하겠다는 공약을 내세운다. 개인 차원에서 보면, 사람들은 줄어든 일자리를 차지하고 유지하기 위한 경쟁에 몰두하고 있다. 현대가 기울이고 있는 이런 국가적인 또는 개인적인 노력은 과거의 기계파괴운동과 마찬가지로 역사의 수레바퀴를 거꾸로 돌리려고 하는 우매한 대응이다.

산업혁명 초기에 제거되어야할 대상이 기계가 아니었듯이, 지금 이 시대에 제거되어야할 대상은 인공지능을 장착한 기계가 아니다. 정말 바뀌어야하는 것은 현대인이 꽉 붙잡고 있는 '현대 노동관' 이다. 바로 이런 이유에서, 이 시대에서 '노동에 대한 새로운 관점' 을 모색하는 일은 진정 중요한 일이 되었다. 이 글은 동양사상의 바탕 위에서 새로운 노동관을 모색하고자 한다.

2. 왜 동양사상에서 새로운 노동관을 찾고자 하는가

필자가 새로운 노동관의 기초를 굳이 동양사상에서 찾고자 하는 이유는 무엇인가? 그 이유가 무엇인가를 직접적으로 답하기에 앞서서, 필자는 왜 현대라는 새로운 시대를 열었던 선구자들이 굳이 서양 고대에서 새로운 세계관의 기초를 찾고자 했던가를 서술하고자 한다.

15~17세기를 즈음해서, 중세의 질곡에서 인류를 구출해내기 위해서는 중세 세계관을 대체할 새로운 세계관의 구축이 절실해졌다. 이 시대는 인간의 이성, 감정, 욕망, 육체를 긍정적으로 바라보는 새로운 시각을 절실히 요청하고 있었고, 중세의 비합리적인 사회 관행들을 창조적으로 비판하고 새로운 사회질서를 구축하기 위한 새로운 관점을 필요로 했다.

현대를 열어갔던 선구자들은 고대 그리스와 로마사회에서 그들 시대가 필요로 했던 것을 찾을 수 있었다. 인간 이성에 대한 깊은 신뢰, 감정과 욕망, 그리고 육체에 대한 긍정적인 태도, 아테네의 민주정이나 로마의 공화정과 같은 합리적인 사회제도 등이 그것이었다. 현대의 선구자들은 바로 이런 고대의 재발견을 통해, 이를 새로운 현대문명 구축의 기초로 활용했던 것이다.

오늘날 이 시대는 환경문제, 관계의 약화와 악화, 인간 소외 등과 같이 문명의 존속 자체를 위태롭게 하는 심각한 문명 위기에 직면해 있다. 대기와 수질 오염을 포함해서 환경은 급속히 오염되어가고 있다. 많은 생명체들이 멸종하면서 생태계의 혼란과 붕괴가 가속화되어가고 있다. 인간관계, 국가 간의 관계, 지역 간의 관계, 인간과 자연의 관계를 포함해서 모든 관계들이 악화일로의 길을 걸어가고 있다. 모든 행위의 주체는 상대편을 자신의 욕망을 충족시키기 위한 수단과 도구로써만 바라보고 대함으로써 관계 악화가 가속화되고 있다. 인간이 자신을 바라보고 대하는 태도 역시 싸늘해져 가고 있다. 자기 스스로를 존중하지 않는 가운데 인간 소외가 심화되고 있다.

현대문명이 직면하고 있는 이런 총체적인 문명 위기의 근원은 무엇인가? 바로 현대문명을 가능케 했던 현대 세계관이다. 현대문명 위기는 현대 세계관의 바탕 위에서 발전을 추구하고 달성한 필연적인 귀결로 초래된 것이다. 그러므로 현대 세계관의 기반 위에서 현대문명 위기를 극복하는 것은 근원적으로 불가능하다.

바로 이런 이유 때문에, 이 시대는 이런 현대의 질곡을 벗어나 새로운 문명으로 나아가는 발판이 되어줄 새로운 세계관의 구축을 절실히 필요로 한다. 새로운 노동관의 구축은 이런 작업의 일부이다. 노동관에 국한시켜서 말한다면, 현대가 노동에 부여한 특별한 지위를 박탈하고, 수행修行과 낙도樂道 활동으로 노동을 바라볼 수 있는 새로운 관점을 모색해야만 한다.

동양사상은 통일체적 세계관[1]이라는 탈현대 세계관의 요소를 풍부하게 함축하고 있다. 그러므로 동양사상은 탈현대 세계관의 일부로서 탈현대 노동관에 대해서도 풍부한 함의를 갖고 있다. 이것이 새로운 노동관을 구축하는데 있어서 이 글이 동양사상에 주목하는 이유이다.

---

1) 통일체적 세계관의 의미에 대해서는 홍승표의 저서 『깨달음의 사회학』(예문서원, 2002), 『노인혁명』(예문서원, 2007), 『동양사상과 새로운 유토피아』(계명대학교출판부, 2010)를 참조할 것.

이를 조금 구체적으로 설명하면 다음과 같다.

현대 노동관의 토대는 현대 세계관이다. 현대 세계관은 18세기를 전후한 시기에 서구사회에서 출현했다. 현대 노동관의 모태가 현대 세계관이므로, 현대 세계관의 토대 위에서 현대 노동관을 넘어서는 새로운 노동관을 모색하는 작업을 수행하는 것은 근원적으로 불가능하다.

현대 세계관과 현대 노동관은 어떻게 연관되어 있는가? 현대 세계관의 핵심은 '시간적으로 그리고 공간적으로 이 세상 모든 존재들이 근원적으로 분리되어 있음'을 전제한다는 점이다. 현대 세계관의 인간 인식 역시 마찬가지이다. 이에 따라서, 현대는 인간을 개인으로 인식하기 시작했다. 현대 세계관의 토대 위에서 보면, 인간은 출생에서 죽음까지의 유한한 시간만을 살아가는 존재이며, 또한 피부를 경계선으로 해서 외부세계와 단절되어 있는 존재이다. 외부세계와 구분되는 분리 · 독립된 개체로서의 자아는 현대인에게 있어서 바로 나 자신을 뜻한다.

다시 말하자면, 현대가 바라보는 인간의 모습은 우연하게 생겨나서, 욕망에 부대끼며 살아가고, 죽음과 동시에 무無(nothing)로 화해버리는, 우연하고, 무의미하며, 무력하고, 유한한 존재인 것이다. 자신을 둘러싸고 있는 세계는 나 자신과 아무런 본래적인 연관이 없으며, 오직 나의 욕망을 충족시키기 위한 수단과 도구로서의 세계일 따름이다.

이런 존재 조건을 갖고 있는 현대인은 태생적인 무력감 · 무의미감 · 유한성 · 우연성을 벗어나기 위한 몸부림으로서의 삶을 살아가게 된다. 이것이 바로 현대적인 삶의 본질이며, 이런 현대적인 삶의 몸부림이 자아확장 투쟁이다. 현대인은 자신에 대한 현대적인 인식의 결과로 무의미하고 무력한 자기 존재의 의미를 확인하고, 자신이 힘이 있는 존재라는 확신을 갖고자 하는 강박적인 욕구를 갖게 된다. 이리하여 현대인은 분리된 자아로서의 나 자신이 힘이 있는 존재며, 의미 있는 존재이고, 무한한 존재이며, 필연적인 존재임을 확인하기 위한 자아확장 투쟁으로서의 삶을 살아가게 되는 것이다.

자아확장 투쟁은 다양한 형태로 이루어진다. 돈 벌기, 외모 가꾸기, 명품 소비, 인기를 얻기 위한 노력, 일류대학 진학을 위한 공부, 좋은 직장에 취직하기, 다른 사람에 대한 지배력을 얻기 위한 노력 등 그 형태는 다양하다. 이런 다양한 노력들 중에서 가장 핵심을 차지하고 있는 것이 직업 노동이다. 현대인에게 '당신은 누구십니까?' 라는 질문을 던졌을 때, 사람들의 뇌리에 가장 먼저 떠오르는 것은 자신의 직업이다. 그 만큼 직업 노동은 자아정체감의 중핵을 차지하고 있다.

바로 이런 이유로 직업 노동은 현대적인 삶의 중심으로 진입한다. '노동' 을 자기 학문의 키 워드로 삼은 칼 마르크스(Karl Marx, 1818~1883)는 헤겔(Georg Wilhelm Friedrich Hegel, 1770~1831)의 노동관을 차용했다. 헤겔에 있어서 노동이란 무엇인가? 노동이란 "주체가 자기 자신을 가능성의 밤으로부터 현존의 낮으로 옮겨 놓는 것과 같으며, 전개되지 않은 존재 형식을 전개된 존재 형식으로 이전시키는 것이다."[2] 헤겔의 노동에 대한 이런 새로운 규정을 바탕으로, 마

2) H. Popitz. 「史的唯物論의 哲學的 기초」. 김창호 편역. 1983. 『마르크스의 人間觀』. 동녘. 107쪽.

르크스는 '노동이란 인간의 인간적인 본질을 실현시켜나가는 가장 인간적인 활동'이라고 하는 현대 노동관 확립에 중요한 기여를 했다. 마르크스의 기획에 의해 건설되었던 사회주의 사회들은 오늘날 지구촌에서 과거에 그들이 누렸던 힘과 영광을 거의 잃어버렸다. 하지만, 마르크스의 노동관만은 과거 어느 때보다도 확고하게 현대인의 의식을 지배하고 있다.

이렇듯, 현대 노동관은 현대 세계관의 토양 위에서 형성, 발전된 것이다. 현대 노동관을 현대 세계관으로부터 분리시키는 것은 불가능하다. 그러므로 이 시대가 새로운 노동관을 필요로 한다면, 우리는 부득이 현대 세계관이 아닌 탈현대 세계관의 토대 위에서만 새롭고 동시에 탈현대의 사회구조와 조화를 이룰 수 있는 노동관을 모색할 수 있다.

이것이 새로운 노동관을 모색하고자 하는 이 글이 동양사상에 주목하는 근본적인 이유이다. 몇몇 학자들의 일련의 저술[3]을 통해 보면, 동양사상에는 탈현대 세계관이 풍부하게 함축되어 있다. 그러므로 이 글에서는 동양사상의 바탕 위에서 새로운 노동관을 모색하고자 한다.

---

3) 몇몇 학자가 지칭하는 것은 홍승표, 정재걸, 이현지 등이다. 홍승표의 『깨달음의 사회학』(예문서원, 2002), 『동양사상과 탈현대』(예문서원, 2005), 『노인 혁명』(예문서원, 2007), 『동양사상과 새로운 유토피아』(계명대학교출판부, 2010), 그리고 현재 집필중인 『동양사상과 탈현대적 삶』(2010년 출판 예정), 정재걸의 『민주모형의 교육관』(한국교육신문사, 2000), 이현지의 『동양사상과 탈현대의 발견』(한국학술정보, 2009) 등에서 동양사상에 바탕 한 탈현대 세계관 구축이 활발하게 이루어지고 있다.

3. 동양사상에 바탕 한 새로운 노동관은 어떤 것인가

동양사상에 바탕 한 새로운 노동관은 어떤 특징을 갖고 있는가? 이 질문에 대한 대답을 하기에 앞서서, 이 글에서 동양사상의 의미가 무엇인가를 밝히는 것이 선행되어야할 것 같다. 이 글에서 동양사상이 가리키는 것은 현대 세계관을 대체할 수 있는 새로운 세계관인 통일체적 세계관이다.

통일체적 세계관은 현대 세계관과 그 기본 인식원리가 다르다. 현대 세계관이 '이 세상 모든 존재들이 시공간적으로 분리되어 있음'을 기본 인식원리로 삼고 있다면, 통일체적 세계관은 '이 세상 모든 존재들이 시공간적으로 하나임'을 기본 인식원리로 삼고 있다. 그러므로 통일체적 세계관의 관점에서 바라본, 세상의 모습, 인간의 존재, 대립물 간의 관계 등은 현대 세계관과 근본적으로 다르다. '노동이란 무엇인가?'에 대해서도, 통일체적 세계관은 현대 세계관과 판이한 관점을 제공한다.

그렇다면 다시 '동양사상에 바탕 한 새로운 노동관은 어떤 특징을 갖고 있는가?'라는 질문으로 돌아가 보도록 하자. 이 질문에 대한 필자의 대답은 다음과 같다. 첫째, 동양사상의 관점에서 볼 때, 노동은 다양한 인간 활동의 평범한 일부일 따름이며, 등위를 매긴다면 우주적인 존재로서 자신과의 만남을 이루는 내향적인 활동에 비해 열등한 활동이다. 동양사상은 노동 특히 직업 노동에 대해 현대사회가 부여해왔던 특별한 지위를 박탈한다. 현대 노동관의 핵심 사상인 '노동이 인간의 인간다움을 실현해나가는 유일한 활동'이라는 생각은 단호하게 배격된다.

노동이란 무엇인가? 노동이란 노동자의 의도에 따라 인간의 욕망 충족에 적합한 형태로 자연을 변형시켜나가는 활동이다. 이렇게 노동을 규정한다면, 현대문명 건설의 전 과정을 노동이라고 할 수 있다.

현대문명의 특징 중 하나는 그것이 바깥을 향해 치닫는 외향적인 문명이라는 점이다. 그러므로 노동은 현대문명 건설의 원동력이었다. 노동은 한 편으로는 인간의 필요를 충족시켜나가는 활동이었고, 다른 한편으로는 자신의 존재 의미를 확인하는 중요한 통로였다. 바로 이런 이유에서, 인류 역사에서 예외적으로 현대문명은 노동에 더 없이 높은 의미를 부여했다.

하지만 동양사상의 관점에서 보면, 노동에 부여된 이런 특별한 지위는 박탈된다. 생산 자동화가 급속히 진전되면서, 인간의 필요를 충족시켜나가는 활동으로서 노동 영역은 축소되고, 궁극적으로는 사라질 것이다. 뿐만 아니라, 동양사상의 관점에서 볼 때, 인간은 더 이상 영원한 시간과 무한한 공간으로부터 분리된 유한하고, 무의미한 존재가 아니다. 인간은 영원한 시간과 맞닿아 있고 무한한 공간을 품고 있는 충만한 존재인 것이다. 그러므로 인간은 더 이상 자신의 존재 의미를 확보하기 위해서 자연을 변형시키는 부질없는 활동을 지속할 필요가 없다. 인간은 이미 의미로 가득 찬 존재이기 때문에, 존재의 의미는 외적인 성취를 통해서 확인되는 것이 아니라 내적인 각성을 통해 이루어진다.

바로 이런 이유에서, 탈현대문명은 현대문명과는 반대로 내적인 각성과 참된 자기의 자연을 즐기는 것을 중시하는 내향적인 문명의 성격을 갖는다. 이런 이유에서 외부 세계를 변형시키는 활동으로서의 노동이 현대문명에서 누렸던 특별한 지위는 박탈된다. 노동은 다양한 형태의 인간 활동의 단순한 일부로 간주될 뿐 아니라, 내향적인 활동에 비해 격이 떨어지는 열등한 인간 활동으로 새롭게 자리매김 된다.

둘째, 동양사상의 관점에서 보았을 때, 바람직한 노동은 어떤 것일까? 수행修行과 낙도樂道로서의 노동이다. 탈현대사회에서 노동은 더 이상 직업 노동만을 의미하는 것이 아닐 뿐 아니라 직업 노동이 아닌 노동이 노동이란 개념이 가리키는 주요 대상이 된다. 예컨대, 요리, 설거지, 청소, 빨래 등과 같은 가사노동이나 텃밭 가꾸기, 취미 활동으로서의 그림 그리기나 노래 부르기 등과 같은 활동 등이 그것이다.

동양사상의 관점에서 볼 때, 직업 노동을 포함한 이런 노동은 그 자체로서 의미 있는 활동이 될 수 없다. 노동이 의미 있는 활동으로서의 지위를 획득하게 되는 것은 분석적으로 보면 두 가지 경우이다. 한 가지는 노동을 통해 사랑의 존재로의 재탄생이 이루어지는 경우이다. 이것을 수행으로서의 노동이라고 한다. 다른 한 가지는 노동을 통해서 사랑의 즐거움을 누리는 경우이다. 이것을 낙도로서의 노동이라고 한다. 분석적으로는 이렇게 둘로 나눌 수 있지만, 실제로 이 둘은 하나이다. 수행과 낙도로서의 노동의 예로 텃밭 가꾸기를 생각해보도록 하자.

봄이 오면, 텃밭을 갈아 씨앗을 심는다. "씨앗에서 새싹이 돋아나는 것을 보며 즐거워한다. 1센티미터의 땅을 뚫고 올라오기 위해 씨앗이 기울였던 엄청난 노력을 생각해본다. 씨앗으로서의 내 존재가 싹을 틔우기 위해 기울이고 있는 수고와 깨어남의 환희를 생각해본다. 물을 주고, 김을 매어준다. 싹이 잎을 내고 하루하루 자라나는 모습을 보며 즐거워한다. 나 자신의 성장을 또한 생각해본다. 일을 하면서 행복을 느낀다. 때론 함께 일하는 가족이나 친구와 담소를 나눈다. 하늘도 한번 쳐다보고 미풍과의 대화도 나눈다. 작물이 무럭무럭 자라 열매를 맺고, 죽어서 다시 땅으로 돌아가는 모습을 보면서, 성장의 신비를 느끼고, 나이 들어감의 의미와 편안함을 느끼며, 쉼으로서 죽음을 맞이할 수 있는 능력을 키운다."[4)]

이렇게 나는 노동을 통해 사랑의 존재가 되어가고, 사랑의 즐거움을 누린다. 이것이 동양사상의 관점에서 본 바람직한 노동의 의미이다. 하지만 수행과 낙도란 노동이란 활동을 통해서만 이루어지는 것일까? 물론 아니다. 노동은 여기에 도달하는 수많은 길 중에 단지 하나의 길에 불과하다. 친구나 아내와의 대화, 숨쉬기, 걷기, 씻기, 아름다운 자연을 관조하기, 미소 짓기, 연인 만나기, 운동하기, 차 마시기, 음식물 먹기 등 인간이 하는 모든 활동은 수행과 낙도의 활동이 될 수 있다. 심지어 수행과 낙도의 활동이 되기 가장 어려워 보이는 도박활동 조차도 수행과 낙도로서의 활동이 될 수 있다.

바로 이런 이유에서, 필자는 2008년에 「수행과 낙도로서의 블랙잭」이란 논문을 발표했다. 블랙잭이란 도박의 일종인데, 이 글에서 블랙잭만이 수행과 낙도로서의 활동이 될 수 있음을 말하고자 한 것은 물론 아니다. 이 글에서 말하고자 했던 것은 수행과 낙도로서의 활동

4) 홍승표. 2009. 「통일체적 세계관과 인간적 노동의 구현」. 『동양사회사상』 19. 15쪽.

이 되기 가장 힘든 경우인 블랙잭과 같은 도박조차도 수행과 낙도로서의 활동이 될 수 있음을 말하고자 한 것이었다. 노동도 블랙잭과 마찬가지이다. 노동만이 수행과 낙도로서의 활동이 될 수 있는 것이 아니라, 노동도 수행과 낙도로서의 활동이 될 수 있다는 것이다. 그리고 수행과 낙도로서의 노동이 되었을 경우에만 그 노동에 궁극적인 의미가 부여될 수 있는 것이다.

4. 새로운 노동관의 탈현대적 함의는 무엇인가

동양사상의 기반 위에서 새롭게 구성된 노동관은 다음과 같이 요약될 수 있다. 직업 노동이란 사람들이 살아가면서 행하는 다양한 활동의 단순한 일부일 따름이다. 새로운 노동관은 직업 노동에 아무런 특별한 가치를 부여하지 않는다. 굳이 가치 부여를 한다면, 직업 노동은 내향적인 활동보다 열등한 것이다. 새로운 노동관의 관점에서 보았을 때, 바람직한 노동은 어떤 것인가? 다른 모든 인간 활동에서와 마찬가지로, 노동이 수행과 낙도로서의 활동이 될 때, 그 노동은 바람직한 것이다.

상기의 특징을 갖고 있는 새로운 노동관은 어떤 현재적인 그리고 미래적인 가치를 갖고 있는가? 새로운 노동관의 탈현대적 함의는 두 가지로 요약할 수 있다. 하나는 새로운 노동관은 새롭게 출현하고 있는 사회구조와 조화를 이룰 수 있다는 점이며, 다른 하나는 새로운 노동관이 인류의 행복과 인간화에 기여할 수 있다는 점이다.

먼저 첫 번째 함의를 살펴보도록 하자. 새로운 노동관은 새롭게 출현하고 있는 사회구조와 조화를 이룰 수 있다. 이 글의 앞부분에서 노동에 대한 수요를 급속히 감소시키는 새로운 사회구조와 노동을 인간의 자기실현의 핵심 통로로 간주하는 현대 노동관과의 충돌을 언급했다. 그리고 새로운 사회구조와 낡은 노동관 간의 격심한 충돌로 인해 현 인류가 많은 고통과 불행을 겪고 있음을 서술했다.

새로운 노동관은 이런 불필요하고 무의미한 고통과 불행의 발생을 중지시킬 수 있다. 어떻게 그것이 가능한가? 그것은 현대 노동관이 직업 노동에 부여한 궁극적인 의미를 박탈함으로써 이다. 새로운 노동관에 입각해서 보면, 직업 노동이란 더 이상 인간이 자신의 인간다움을 실현할 수 있는 유일한 통로가 아니다. 직업 노동을 통해서만 인간이 자신의 인간다움을 실현할 수 있다는 현대 노동관은 새로운 노동관의 관점에서 보았을 때, 괴기스럽기까지 한 얼토당토않은 생각이다.

노동이란 인간이 행하는 다양한 활동 중의 일부일 뿐이다. 그러므로 새로운 노동관은 역사운동의 필연으로 도래하는 새로운 사회구조에 대한 창조적인 해석을 가능하게 한다. 새로운 노동관의 관점에서 보았을 때, 직업 노동의 축소를 동반하는 새로운 사회구조의 확산은 마르크스의 용어를 빌리자면 '필연의 왕국'으로부터 '자유의 왕국'으로의 비상이며, 인간 해방의 절호의 기회인 것이다. 생산자동화에 힘입어, 사람들은 필요에 의해 자연을 가공해야만 하는 노역으로부터 해방되어, 자신과의 만남을 이루고 사랑을 즐기는 보다 인간적인 활동으로 삶을 영위할 수 있다.

둘째, 새로운 노동관은 인류의 행복과 인간화에 기여할 수 있다. 동양사상의 관점에서 볼 때, 인간다운 삶의 의미는 수행과 낙도로서의 삶이다. 이것은 우주적인 존재로서 자신의 참된 모습을 자각함으로써 사랑의 존재로 재탄생하고, 사랑을 즐기는 삶을 뜻한다. 다른 모든 유형의 인간 활동과 마찬가지로 노동 역시 수행과 낙도로서의 활동이 될 수 있다. 그러므로 새로운 노동관의 관점에서 보면, 여태까지 지루하고 고통스럽게만 생각되었던 많은 노동 활동이 새로운 의미를 부여받는다.

현대는 특히 가사노동과 같은 직업 노동 이외의 일상적인 노동에 큰 의미를 부여하지 않았다. 하지만, 새로운 노동관의 관점에서 보면, 가사노동은 목적적인 활동으로서의 중요한 의미를 부여받는다. 예를 들어, 새로운 노동관에 입각해서 요리와 설거지를 하는 사람들의 모습을 상상해보도록 하자.

새로운 노동관을 갖고 있는 사람들에게, 요리를 하는 것은 즐거운 일이다. 사람들은 요리를 사랑한다. 요리를 통해 자신과 사랑하는 가족들을 행복하게 해줄 수 있기 때문이다. 준비하는 사람은 요리에 정성을 가득 담으며, 마냥 즐겁다. 요리에는 남녀노소를 가리지 않고 가족원들 모두가 참여한다. 몇몇 사람들은 함께 둘러앉아서 수다를 떨면서 식재료를 다듬는다. 그날의 요리를 잘 할 수 있는 솜씨 좋은 사람은 직접 요리를 한다. 아이들은 식탁 세팅을 하고, 그릇과 요리를 나른다. 이와 같이, 새로운 노동관의 관점에서 볼 때, 요리는 중요하고 의미 있는 노동이 된다.

새로운 노동관을 갖고 있는 사람들에게 있어서, 설거지 역시 사람들이 일상생활에서 누리는 즐거움의 하나이다. 사람들은 설거지하는 것을 즐긴다. 각자는 자신이 사용한 수저와 그릇 등을 깨끗하게 씻어 건조대에 둔다. 사람들은 자신의 마음의 때를 씻어내듯 정성스럽게 수저와 그릇을 씻는다. 씻는 동안, 사람들은 모든 더러운 것을 깨끗하게 해주는 물의 신비와 만난다. 깨끗해진 그릇을 보고 행복을 느낀다.

이렇듯, 진부했던 일상의 노동이 새로운 노동관과 만나면, 갑자기 새로운 빛을 얻고 활기를 띤다. 사람들은 일상의 노동활동에서 자신과의 만남을 이룬다. 일상의 노동활동을 통해 사람들은 사랑의 존재가 되어가며, 사랑의 즐거움을 누린다.

오늘날 낡은 현대 노동관이 노동 없는 생산이라고 하는 새로운 사회구조와 충돌하면서 많은 고통과 불행을 양산하고 있다. 이에 반해서, 새로운 노동관은 새로운 사회구조와 조화를 이룰 수 있다. 새로운 노동관은 현대인이 메여있는 직업 노동에 대한 강박적인 집착으로부터 인류를 해방시킬 수 있다. 그리고 새로운 노동관은 탈현대적인 의미에서 노동의 인간화를 이루어낼 수 있으며, 노동을 통한 사랑의 즐거움 누리기를 가능케 한다. 이리하여, 동양사상에 바탕 한 새로운 노동관은 낡은 노동관에 고착함으로 인해 빚어진 많은 고통과 상처를 치유하고, 새로운 문명 건설의 초석이 될 수 있다.

참고문헌

이현지. 2009.『동양사상과 탈현대의 발견』. 한국학술정보.

정재걸. 2000.『만두모형의 교육관』. 한국교육신문사.

홍승표. 2002.『깨달음의 사회학』. 예문서원.

______. 2005.『동양사상과 탈현대』. 예문서원.

______. 2007.『노인 혁명』. 예문서원.

______. 2008.「수행과 낙도로서의 블랙잭」.『여가학 연구』6(2): 15~30쪽.

______. 2009.「통일체적 세계관과 인간적 노동의 구현」.『동양사회사상』19:15쪽.

______. 2010.『동양사상과 새로운 유토피아』. 계명대학교출판부.

Popitz, Heinrich. 1983.「史的唯物論의 哲學的 기초」. 김창호 편역.『마르크스의 人間觀』. 동녘. 95~145쪽.

근대적 노동관과 새로운 사회구조의 충돌

신종화 (서울과학종합대학원)

근대적 노동관과 새로운 사회구조의 충돌

신 종 화 (서울과학종합대학원)

1. 서론: '노동의 종말' 가능성에 대하여

한 시대를 풍미했던 공산주의 운동의 이념적 기초에는 '노동으로부터의 해방'이라는 유토피아적 희망이 자리잡고 있었다. 인간의 생존권과 존엄성을 해치는 장시간 노동으로부터의 탈출욕구는 사회개혁의 거대한 힘과 정당성을 공산주의 운동에 제공했던 것이다. 이른바 소외적 삶에서 탈피하여 자유로운 삶을 영위하고자 하는 인간의 욕구는 노동시간의 절대적 축소를 통해서 노동의 사회적 기능을 개인의 자유 확대와 결합시킴으로서 노동의 의미를 변화시키고자 한 것이다.

사실 '노동으로부터의 해방'은 자본주의 담론에서만 발견되는 것은 아니다. 사회적 필수요소인 '노동'에 대한 부정적인 이해는 고대 그리스의 사상에서도 발견되는데, 필요의 영역과 시민의 자유영역에 대한 구분으로부터 '노동' 담론은 오랜 역사를 가진 셈이다. 한편

'산업사회' 로의 이행이후 전개되는 경제환경에 대한 논의에서 '노동시간' 과 '노동의 성격' 변화는 큰 화두가 되어왔다. 산업환경 내부에서 인간의 노동력이 차지하는 비율이 절대적으로 감소하는 현상, 또는 노동력의 비율을 감소시키려는 끊임없는 노력은 상품과 서비스 생산 과정 내부에서 노동의 시간적 역할을 축소시켜왔다. 이러한 거대한 경제환경의 변화 속에서 등장한 것이 '노동의 종말' 담론이다.

'노동의 종말' 담론은 일반적으로 발전지향의 과학기술사관에 기초하고 있다. 단순 또는 반복화된 인간의 노동행위를 기계적 메카니즘으로 이해하고, 전산적 관리를 통해서 장치들의 기능으로 변화시킬 수 있다는 단순한 가설은 근대적 분업노동의 산업적 확대과정 속에서 구현되어 왔다. 게다가 20세기 후반에 급속하게 진행되는 정보혁명 중심의 기술혁신 과정 속에서 노동 역할의 축소는 '노동의 급격한 소멸' 에 대한 화두를 던지고 있다.[1] 하지만 산업사회의 노동환경은, 절대적 노동시간 감소를 향한 지속적인 흐름에도 불구하고, 노동비용의 상대적 차이의 잔존과 세계적 경제시스템의 위기 속에서 '노동의 종말' 에 대한 기대가 현실적이지 않다는 회의론이 지속되기도 있다.

한편, '물리적 시간소비' 와 관련된 노동활동의 의미는 산업환경의 변화 속에서 '노동의 질' 에 대한 가치평가로 전환하고 있다. 사회적으로 확대되고 있는 교육환경은 기존의 전문직 노동을 탈전문화시키고 있음에도 불구하고, '창조-문화-예술' 산업의 산업규모가 커지면서, 새로운 가치관과 문화적 추세를 구체화시키는 정신노동의 가치를

---

1) 리프킨(J. Rifkin). 1996. 이영호 역. 『노동의 종말』. 민음사.

부각시키고 있다. 이러한 시대적인 흐름속에서 이른바 '근대적 노동관' 이 어떻게 변화하고 있는가를 확인하는 작업이 이 글의 목적이다. 2장에서는 노동 개념의 이론적 지평을 구성해본다. 노동 개념을 둘러싼 쟁점적 입장들을 정리하고, 시대적 흐름 속에서 노동관의 변화 추이를 살펴봄으로서 '노동관' 을 주제로 다루어져야 할 사안들을 도출한다. 3장에서는 노동에 대한 사회적 가치관을 개인적 수준에서 형태적으로 분류하고, 노동의 개념적 대립어로 (일반적으로) 일컬어지는 '여가' 개념의 활용을 통해서 노동관의 새로운 정립에 담겨있는 규범적 요소들을 확인해본다. 4장에서는 새로운 사회구조의 출현 주장과 경험적 설명, 규범적 태도에 대한 논의들을 간략히 살펴보면서, 근대적 노동관과의 긴장관계를 확인한다.

2. 노동 개념 내부의 긴장관계

2.1. 노동의 개념화, 조작화의 문제점

'노동이란 무엇인가' 라는 질문을 사회과학 방법론에 근거하여 학문적으로 대답하는 것은 쉬운 일이 아니다. 경험과 직관, 그리고 사회화된 논의를 바탕으로 하는 개인의 선택적인 개념정의는 흔히 등장한다. 그럼에도 불구하고, 수많은 논의에서 등장하는 노동의 개념화와 구체적인 사회현상을 분석하는데 사용할 목적으로 조작화를 수행하는 과정에서, 노동은 섬세한 가공을 기회비용의 대가로 내부의 풍부한 의미들이 탈색되어져 간다. 개념화의 노력은 "개념을 심각하게 다루고 그것이 의미하는 바를 특정화하기 시작할 때마다 우리는 불일치와 비일관성을 발견하게 된다." 연구자가 최종적으로 선택한, 또는 생산한 개념정의는 다른 연구자들과 합의를 이루지 못하는 경우가 흔히 발생하며, 사실 각 "연구자 자신의 정신적 이미지 속에서도 많은 혼란을 발생할 가능성이 있다."[2] 특정 개념과 결합되는 여러 가지의 사회적 이미지들을 분석적으로 배치하다보면 여러 차원으로 분류하게 된다. 노동 개념을 예로 들면, 육체노동과 정신노동으로 분류하기도 하며, 생산노동과 비생산노동으로 분류하기도 한다. 기능적 차원에서 다루어지는 노동과 구별하여, 고객(소비자)의 심리적 만족도와 안정감을 확대시키기 위한 감정노동이 노동개념의 한 차원으로 부각되기도 한다.

정치철학자 아렌트(Hannah Arendt)는 '노동'과 관련된 서구지성사의 이해방식들을 고찰하면서, 노동의 개념을 정교화시키기 위해서 '작업과 행위'라는 개념들과의 비교를 한다. 그리고 인간 활동을 '노동-작업-행위'로 구분하고, 이것들을 '활동적 삶(vita activa)'의 특징적 내용으로 정리한다.[3]

> "이것들[노동-작업-행위]은 인간이 지상에서 살아가는 데 주어진 기본조건들에 상응하기 때문에 인간의 근본활동이다.
>
> 노동은 인간신체의 생물학적 과정에 상응하는 활동이다. 신체의 자

2) 바비(E. Babbie). 2007. 고성호 외 역. 『사회조사방법론』. Thomson.

3) 아렌트(H. Arendt). 1958/1996. 이진우 외 역. 『인간의 조건』. 한길사. 55~6쪽.

연발생적 성장, 신진대사와 부패는 노동에 의해 생산되어 삶의 과정에 투입되는 생명 필수재에 구속되어 있다. 노동이 이루어질 수 있는 근본조건은 삶 자체이다.

작업은 인간실존의 비자연적인 것에 상응하는 활동이다. 이 활동은 '인간종'의 되풀이되는 생활주기에서 생겨나는 것이 아니며, 인간의 사멸성도 이런 생활주기에 의해 보상되지 않는다.

행위는 사물이나 물질의 매개 없이 인간 사이에 직접적으로 수행되는 유일한 활동이다. 행위의 근본조건은 다원성으로서 인간조건, 즉 보편적 인간(Man)이 아닌 복수의 인간들(men)이 지구상에 살며 세계에 거주한다는 사실에 상응한다. 인간조건의 모든 측면들이 다소 정치에 관련되어 있지만 특별히 다원성은 모든 정치적 삶의 '필요조건'일 뿐만 아니라 '가능조건'이라는 의미에서 절대적 조건이다."

노동-작업-행위라는 아렌트의 구분은 어떠한 의미가 있는가 먼저 아렌트는 노동을 바라보는 서구정치사상의 이중적 잣대-거칠게 정리하면, "천하지만, 필수적인 인간활동"를 설명한다. 신분사회인 고대 그리스에서, 자유로운 활동에는 포함시킬 수 없으나 폴리스와 시민계급을 유지시켜주는 필요적 활동을 수행하는 '노예계급'에 대한 태도는 사회와 개인의 생존 자체를 유지시켜주는 활동으로서 '노동'에 대한 요약적 이해방식이다. 마찬가지로, 신분구속에는 자유롭고, 때로는 자발적일 수 있고, 탐욕스러울 수 있는 활동방식, 생산활동은 '작업'으로 분류된다. 서구지성사를 가로지르는 '자유와 필요'의 이분법적 이해방식에서 '노동과 작업'은 '필요' 영역의 활동인 셈이다.[4]

---

4) "내가 제안한 노동과 작업의 구별은 생소하다. 이 구별을 지지하는 현상적 증거는 매우 현저하여 무시할 수 없다. 그러나 여기저기 흩어져 발견되는 발언들, 저자도 자신의

노예제를 포함한 신분제도의 철폐가 자본주의적 경제제도의 우연적 산물일까, 아니면 필연적인 결과였을까라는 질문과 함께 이른바 '근대시대의' 노동관을 살펴보자. 만약 아렌트가 지적했던대로 노동과 작업의 노예적 속성이 사회 속에서 점차 사라지지 못하고, 오히려 확대되어 "생산성"을 중심으로 한 노동관이 서구적 근대사회에서 확산된다.

> "세 구별[생산적노동/비생산적노동-숙련작업/비숙련작업-신체노동/정신노동] 중에서 생산적 노동과 비생산적 노동의 구별만이 문제의 핵심을 찌른다. 위대한 이론가인 애덤 스미스와 카를 마르크스가 자신들의 논증의 전체 구조를 이 구별 위에 세웠다는 사실은 우연이 아니다. (신이 아니라) 노동이 인간을 창조하고 (이성이 아니라) 노동이 인간을 다른 동물과 구별시킨다는 마르크스의 외관상의 불경스런 생각은, 모든 근대인이 동의하는 것을 가장 급진적이고 일관성 있게 정식화한 것에 불과하다."[5)]

이론에서조차 발전시키지 못한 발언들을 예외로 한다면, 역사적으로 볼 때 근대 이전 정치사상의 전통이나 대규모의 노동이론에서 그 구별을 지지하는 것은 거의 없다. 그러나 이렇게 역사적 증거가 거의 없음에도 불구하고, 하나의 명료하고 완강한 증거가 있다. 다시 말해서 고대와 근대의 모든 유럽 언어는 우리가 동일하다고 생각해왔던 활동을 뜻하는 말로 어원적으로 무관한 두 단어를 가지고 있으며, 사람들이 집요하게 동의적 용법으로 사용함에도 불구하고 그 두 말을 보존해왔다는 사실이다. (중략) 명사로서 '노동'은 결코 노동의 결과인 완결된 생산품을 지시하지 않고 오히려 동명사로 분류되는 동사적 명사로 남는다. 반면에 생산품 그 자체는 한결같이 '작업'이란 단어로부터 도출된다. 이 단어의 현재용법이 근대의 실질적인 발전과 밀접하게 연관되어 있어 '노동'이라는 단어의 동사형이 오히려 낡은 것이 되어버렸다고 하더라도 그러하다."(앞의 책, 134~5쪽)

5) 앞의 책, 140쪽.

19세기 산업자본주의 시대의 사상가 마르크스는 고전경제학의 노동가치설을 발전시키는데 있어 핵심을 '생산적 노동'으로 바라보았다. "생산적 노동은 자본주의적 생산과정에서 노동능력 및 노동이 기능하는 전체 관계 및 방식에 대한 단축적 표현일 뿐이다. 그러므로 생산적 노동이라 말하면 사회적으로 규정된 노동, 노동의 구매자와 판매자 사이의 전혀 일정한 관계를 포함하는 노동을 말하는 것이다."[6)]

그렇다면, 아렌트가 지적했던 것처럼, 마르크스가 생산적 노동과 비생산적 노동을 구분하는 근거는 무엇이었을까. 마르크스는 자본주의적 '생산관계'에 편입되어 있는, 다시 말해서 자본과 임금노동, 그리고 생산수단의 관계 속에서 상품생산으로 연결되는 노동이 생산적 노동이며, 그렇지 못한 노동을 '비생산적'이라고 규정한다.

> "생산적 노동이라는 것은 즉자대자적으로 노동의 일정한 내용, 그의 특수한 유용성, 또는 그가 나타나는 독특한 사용가치와는 절대로 아무런 관련이 없는 노동규정이라는 것이다. 따라서 동일한 내용의 노동이 생산적이고 비생산적일 수 있다. (중략) 동일한 노동 (예를 들어 원예, 봉재 등)이 동일한 노동자에 의해 산업자본가나 직접소비자에 봉사해서 수행될 수 있다. 두 경우에 그는 임노동자이거나 일고노동자이나, 전자의 경우에는 그는 생산적이고, 후자의 경우에는 비생산적이다. 왜냐하면 전자의 경우에 그는 자본을 생산하고, 후자의 경우에는 그렇지 않기 때문이다. 즉, 전자의 경우에는 그의 노동이 자본의 자기증식과정의 한 계기이고, 후자의 경우에는 그렇지 않기 때문이다."[7)]

---

6) 마르크스(K. Marx). 1988. 김호균 역. 『경제학 노트』. 이론과 실천. 111쪽.

약 100년 뒤 노동과 작업의 구분을 통해서 서구지성사에서 인간활동의 특징들을 포착하려고 했던 아렌트와 달리, 마르크스는 생산물과의 직접적인 결합성을 중요하게 다루지 않았다. 중요한 것은 생산관계에 편입되는가의 여부, 다시 말해서 자본의 증식과정에 참여하는 노동인가 아닌가의 문제를 본질적으로 다루고 있다. 마르크스는 생산적, 비생산적 노동을 그들의 소재적 내용에 의해 규정하려는 습벽의 원천을 다음처럼 제시한다:

> "1) 상품임, 생산적 노동임 등과 같은 경제적 형태규정성들을 이 형태규정성들, 혹은 범주들의 소재적 담지자에게 즉자대자적으로 속하는 속성으로 관찰하는, 자본주의적 생산양식에 독특하고, 그의 본질에서 유래하는 물신론적 견해. 2) 노동과정을 그 자체로서 관찰하면, 생산물(여기서는 물적 부만이 문제가 되므로 물적 생산물)로 결과되는 노동만이 생산적이라는 것. 3) 실제적 생산과정에서 이의 현실적 제계기를 관찰할 때, 부의 형성 등과 관련하여 재생산적 물품으로 나타나는

7) 앞의 책, 112~3쪽. 마르크스는 생산적 노동과 비생산적 노동을 구분하는 것 뿐 만 아니라 비생산적 노동의 '생산적 노동화'에 대한 규정을 시도한다. 그에게 있어서 비생산적 노동은 어느 순간 "상품거래"의 과정을 통해서 생산적 노동으로 전환되기도 한다. 그 순간이라는 것은 바로 '자본'의 추가생산 및 '임금노동'의 형태로 계약에 편입되는 사회적 상황에서다: "예를 들어, 실낙원을 썼던 밀튼은 비생산적 노동자였다. 그에 반해 서적상을 위해 공장노동을 제공하는 소설가는 생산적 노동자이다. 누에가 비단을 생산하듯이 밀튼은 자기본성의 작동으로서 실낙원을 생산했다. 훗날 그는 그 생산물을 5 파운드에 팔았고, 그러는 한에서 상품거래자가 되었다. (중략) 새처럼 노래하는 여가수는 비생산적 노동자이다. 그녀의 노래를 돈받고 판다면 그녀는 임노동자이거나 상품거래자이다. 그러나 돈벌기 위해 그녀로 하여금 노래하게 하는 기업가에 의해 고용되면, 동일한 여가수가 생산적 노동자가 된다. 왜냐 하면, 그녀는 직접 자본을 생한하기 때문이다. 다른 사람을 가르치는 교사는 생산적 노동자가 아니다. 그리나 지식장사기관의 기업인의 화폐를 그의 노동에 의해 증식시키기 위해서 한 연구소에 임노동자로서 다른 교사들과 같이 고용되어 있는 노동자는 생산적 노동자이다."(앞의 책, 112~3쪽)

노동과 단순한 사치품으로 나타나는 다른 노동 사이에 큰 차이가 있다는 것."[8]

마르크스의 노동관이 가지고 있는 장점과 동시에 단점이 되는 부분이 바로 '생산적/비생산적' 노동의 규정이다. 자본의 증식과정에 편입되는 노동에 대한 치밀한 분석과 의미 재구성은 '생산' 관계의 편입과정이 발생하는 사회구성체의 메카니즘−토대와 상부구조의 결합방식−에 대한 설명으로 지지를 받을 수 있다. 하지만 '생산관계'에 편입되기 이전의 노동활동에 대한 의미는, 편입 이후의 사회적 해석화에 앞서서조차 축소되어서는 안되는 것이다. 설령 마르크스의 입장이 인간의 노동활동이 '생산관계'의 메카니즘 안에서 재해석되어지며, 이것이 자본주의적 노동활동의 큰 특징이라고 지적하는 수준에서는 수용될 수 있겠으나, 생산주의적 해석으로만 노동을 파악해서는 노동의 사회적 가치를 충분히 확인하기 어렵다. 다른 말로 하면 노동의 사회적 가치는 마르크스의 지적처럼 생산관계에 편입될 때 발생하거나, 편입될 때 인식되는 것이 아니라 노동활동 자체에 담겨있을 수 있기

8) 앞의 책, 114~5쪽. 왜 마르크스에게 생산적 노동과 비생산적 노동의 차이가 중요했을까? 마르크스는 이 구분을 자본 '축적'의 조건적 요소−잉여가치의 생산−를 이해하는데 중요하다고 판단 한다: "생산적 노동과 비생산적 노동의 차이는 축적과 관련하여 중요하다. 왜냐하면 생산적 노동과의 교환만이 잉여가치의 자본으로의 재전환을 위한 제조건의 하나이기 때문이다. (중략) 잉여가치 생산과는 아무런 직접적이고 활동적인 관계에 있지 않는 잉여가치 공동소모자와는 반대로, 자본가계급은 생산적 계급 자체이다. (노동과정의 지도자로서 자본가는 생산물로 체화되는 총노동과정에 그의 노동이 포함된다는 의미에서 생산적 노동을 수행한다). (중략) 그러므로 생산적 노동의 규정은 (따라서 그 반대인 비생산적 노동의 규정도) 자본의 생산이 잉여가치 생산이고, 이 생산에 의해 이용되는 노동이 잉여가치 생산노동이라는데 기초한다."(앞의 책, 117쪽)

때문이다.

2.2. 노동과 윤리

노동에 대한 사회적인 태도가 '필수요소에 대한 사회적 거리두기' 였던 고대 그리스적 입장을 보다 정확하게 정리하자면, '사회적 활동의 기능적 분류' 에서 노동의 낮은 지위화였다. 이러한 입장은 산업수의의 확산과 더불어 '기능적 분업으로서의 노동' 에 대한 태도로 점차 변화하게 된다. 생산관계 안에서의 노동의 역할은 그 내용적인 차원에서는 노동자계급이라는 사회적 약자의 역할 분야였지만, 점차로 그 중요함이 정치적으로, 경제적으로 확대되어왔다. 자본주의적 노동관에서의 핵심은 자본 증식 내부의 기능적 중요함의 강조와 더불어 인식되는 노동의 사회적 지위변화라 할 수 있다. 집합적 존재로서의 노동자계급, 개념적 이해로서 노동활동의 해석은 필요 영역의 사회적 확대 속에서 그 중요함의 강조가 학문적으로 진행된다. 한편 노동에 대한 윤리적 평가의 급격한 변화에는 종교적 태도가 큰 영향을 발휘한다.

> "원래 독일어로 노동이란 "상당히 힘든 육체적 에너지의 소모" 또는 "노력", "노고", "고통" 등을 뜻했다. 이 말이 사회적인 의미를 획득하면서 "상대적으로 저급하고 비천한 활동"이라는 의미로 쓰이게 된다. 이러한 의미는 중세 시절 봉건주의 사회에서 전형적으로 쓰이게 된다. 그러다가 신교인 프로테스탄트가 발전하면서부터 이 노동이라는 말이 하나의 긍정적인 윤리적 의미를 획득하게 되는데, 그것은 노동이 이른바

"신이 인간에게 부여한 과업 또는 소명"이라는 의미를 지니는 것으로 해석되거나 이러한 신이 내린 소명을 기꺼이 실행해야 한다는 의미로 쓰이게 되면서 강력한 윤리적 힘을 얻게 됨을 말한다."[9)]

근대사회를 '노동사회'라고 부를 수 있는 것은, 노동계급의 사회적 확대재생산 과정이 지속적으로 발생하기 때문만은 아니다. 오히려 '노동사회'는 계급적 분화와 상관없이 전 계급으로 확산된 '노동윤리'의 사회적 합의과정 위에서 발전하여 왔다. 그 시작은 마르크스가 자본의 직접적 생산관계 안에서 '생산적 노동'의 주체라고 불렀던 자본가 계급이 속한 부르주아지에게서 비롯된다:

"새로 부상하던 신흥 부르주아들에게서 노동이란 중심적인 위치를 차지하는 개념이 되었다. 요컨대 자본주의의 역사란 이러한 패러다임이 우선적으로 부르주아 자신 안에서 관철되는 역사를 뜻하는 것이고, 다음으로는 엄청난 폭력을 수반하면서 하층 계급에게도 관철하고, 나아가서는 이들의 협조를 얻어 자연 전체에도 그 패러다임을 확장시켜 관철하는 것이었다. 바로 이러한 측면에서 "노동"이라는 개념은 역사적인 것이며, 결국 노동 사회의 전체적인 패러다임을 지칭하는 것이나 다름없다."[10)]

베버(Max Weber)가 종교적 소명의식이 경제활동에 끼친 영향을 분석하면서 제시한 '금욕적 노동윤리'는, '노동의 사회적 내면화'과

---

9) 하이데(H. Heide). 2000. 강수돌 외 역. 『노동 사회에서 벗어나기』. 박종철출판사. 225쪽.

10) 앞의 책. 226쪽.

정에 개신교가 끼친 영향에 대한 연구로 재해석될 수 있다.[11] 베버의 『프로테스탄트윤리와 자본주의정신』은 크게 두가지 목적을 위해서 구상되었다: 1) 자본주의 발전을 생산양식의 변화와 기타 물리적인 사회환경의 발전 속에서 설명하는 19세기 말의 유물론적 시각의 교정. 청교도의 종교적 태도로 비롯되는 금욕적 '소명의식'이 직업윤리로 정착하여, 성실한 노동활동으로 발전하고, 자본주의적 자본축적의 원천이 되었다는 것이다; 2) 17세기 이후 스위스의 캘빈주의, 영국의 청교도주의가 성장하였으며, 이것의 영향아래 초기 미국인의 종교적 태도가 경제활동의 윤리적 기준으로 발전. 그러나 이러한 초기 자본주의 발전의 종교적 공헌(개신교의 역할이며, 가톨릭은 배제됨)이 베버가 『프로테스탄트윤리와 자본주의정신』을 구상하고 집필하던 19세기말과 20세기 초반에는 더 이상 작동하지 않는다는 것이다.[12] 직

11) 베버(M. Weber). 2006. 김상희 역. 『프로테스탄트윤리와 자본주의 정신』. 풀빛. 한편, 자본주의발전에 끼친 개신교의 영향에 대한 입장에서 베버에 비해 인과론적 주장보다 경제사회적 변화에 의한 양자간의 우연적인 결합을 설명한 토니(Richard H. Tawney)는 청교도적 노동관을 다음처럼 인용하고 있다: "자기의 시간을 낭비하는 사람들은 자신의 영혼을 경멸하고 있는 것이다." 종교는 단순히 사변적이어서는 안되고 활동적이어야 한다. 실제로 사변은 일종의 방종이다. "이것(다시 말하면 육체적 노동과 정신적 노동)을 소홀히 하면서 '나는 기도하고 명상하겠다'고 말하는 것은 그대의 종이 그대의 가장 중요한 일을 거부하고 보다 열등하고 쉬운 일에 얽매이는 것이나 마찬가지이다. 신은 그대가 나날의 양식을 위해 노동하도록 그대에게 이런 저런 방식을 명령했다." (중략) 사치, 자제하지 않는 쾌락, 개인적 낭비는 기독교도의 올바른 행위가 아니다. (중략) 이 일반론을 사업에 실제로 적용하는 것은 생활의 다양한 관계 속에서 기독교도가 지켜야 할 규칙들을 해설하기 위해 구성된 수많은 저술에 상술되어 있다."(토니(R. H. Tawney). 1927/1983. 김종철 역. 『종교와 자본주의의 발흥』, 한길사, 252~4쪽, 인용문은 Matthew Henry, Baxter의 글임)

12) "근대적 자본주의 정신, 그리고 그뿐 아니라 근대적 문화에 구성적인 요소 중 하나인 직업사상에 입각한 합리적 생활방식은 기독교적 금욕의 정신에서 탄생한 것이다.(중략) 청교도는 직업인이기를 바랐다 – 반면에 우리는 직업인일 수밖에 없다. 왜냐하

업윤리의 하나로서 금욕적 노동관이 베버가 살던 시대에는 과거의 유물이 되어버렸던 것이다. 베버는 목표추구를 위한 도구적 합리성의 확산을 스포츠적 특성이라고 불리우는 '경쟁' 이라고 꼬집으며, 20세기 초반의 자본주의를 정신없는 경제활동이라고 비판했다.

자본주의의 초기에 '종교적 소명의식' 속에서 노동의 지위가 새롭게 '윤리적으로' 부각되었다면, 20세기 후반의 정보화시대의 출현에서는 비종교적 노동관이 등장한다. '초월자' 라는 외부적 존재에 의한 노동관을 '받아들이는' 것이 아니라, 개인들의 스스로 심리적 동기를 부여하는 상황에 대한 관심이 증가한다. 이른바 정보화시대의 전산 프로그래머들이 보이는 어떤 특유한 노동활동의 배경이 주목을 받는다. "해커는 본능적으로 프로그래밍에 관심을 갖고 기쁨을 느끼기 때문에 프로그램을 만든다. (중략) 해커는 또한 흥미로운 일에 대해 '열정적' 이다. 60년대의 MIT 시절부터 전형적인 해커들은 이른 오후에 잠에서 깨어나 열정적으로 프로그램을 만들기 시작했다. 그들은 이른

면 금욕이 수도원의 방에서 나와 직업생활에 옮겨지고 현세적 윤리가 지배하기 시작함에 따라 이 금욕은 나름대로 기계적 생산의 기술적, 경제적 전제에 의존하는 근대적 경제질서의 강력한 우주를 구축하는 데 일조했기 때문이다.(중략) 금욕이 세계를 변혁시키고 세속에 작용하기 시작하자 이 세상의 외적인 재화는 역사에서 유례를 찾을 수 없을 정도로 인간에 대한 힘을 증대시켜 갔고 마침내는 벗어날 수 없는 것이 되었다. 오늘날 이 정신은 그 겉껍질에서-영원히인지 아닌지는 그 누구도 모른다-사라져 버렸다. 어쨌든 승리를 거둔 자본주의는 그것이 기계적 토대에 입각하는 한 그와 같은 지지를 더 이상 필요로 하지 않는다.(중략) 현재 영리추구가 가장 자유로운 곳인 미국에서 종교적. 윤리적 의미를 박탈당한 영리추구는 드물¡^ 않게 그 추구에 스포츠의 특성을 부여하는 순수한 경쟁적 열정과 결합되는 경향이 있다."(앞의 책, 171~3쪽) 마르크스에게는 생산적 노동/비생산적 노동의 구분이 중요하였다면, 베버에게는 자본주의의 초기 형성과정에는 금욕적 노동윤리/탐욕적 소비와 사치가, 20세기 초기에는 금욕적 노동윤리/경쟁적 이윤추구의 이분법적 대립이 개념적으로 전개되고 있다.

아침까지 시간가는 줄도 모르고 코드화 작업에 심취했다.(중략)"[13]

'오락(entertainment)' 또는 '열정(passion)'으로 상징되는 "본질적으로 흥미롭고, 고무적이고, 기쁨이 넘치는 활동"이 곧 프로그래머들이 실천하는 노동에 대한 열정이라 평가된다. 특징적으로 이러한 전산과학의 전문가들에게 퍼져있는 '비물질적' 노동에 대한 열정적 태도를 고대 아카데미의 플라톤의 지적탐구와 비교하면서, <프로테스탄트 윤리>와의 차별을 부각한다.[14]

2.3. 시간 속성

베버는 『프로테스탄트 윤리와 자본주의 정신』에서 벤자민 프랭클린의 '시간이 곧 돈이다'는 슬로건을 인용하면서, 시간 관리의 문제를 노동개념 안에 포함시켰다. 이러한 시간관리의 강조는 '절제'와 '생산성'에의 집중을 의미한다. 상품생산관계 및 생산관계 안에서의 노동 개념 분석이 노동력에 대한 연구로 발전하면서, 그리고 나아가 수량화된 가치측정으로 발전하면서 노동시간을 하나의 연구분야로서 성장시켜왔다. 이러한 수량화된 측정연구는 다른 한편으로 노동시

---

13) 토발즈 · 히매넌 · 카스텔스(L. Torvalds, P. Himanen, M. Castells). 2001/2002. 신현승 역. 『해커, 디지털 시대의 장인들』. 세종서적. 21~3쪽.

14) 앞의 책, 24~44쪽. 노동과 여가가 노동시간의 배치 속에서 분리되었던 자본주의 초기의 상황과 달리, '열정'과 '오락'추구의 전산과학계의 프로그래머들에게 있어서, 시간의 관리는 자신들의 몫이있다. 이러한 전문가집단의 노동활동에서는 노동과 여가의 분리의 경계는 모호하다. 무엇보다도 노동의 소외적 상황–강제적 노동활동–이 발생하지 않는다는 점에서는 여가의 소외적 상황도 역시 동시적으로 발생하지 않기 때문이다.

간 이외의 시간−자유시간, 또는 노동의 잔여시간−에 대한 연구를 동시에 촉발시켜왔다. 독립된 연구분야(작게는 주요 연구주제)로서 여가시간에 대한 연구는 노동의 시간적−계량적 측정 이외의 또 다른 측정이었으며, 시간이라는 속성에서 노동과 상호배타적인 영역에 배치되어 노동이외의 시간에 대한 개인적, 사회적 활용과 이것의 기능적 효과에 주목한다. 계약관계 속에서 노동시간의 통제와 최종적 관리권이 자본 및 국가에 부여된 것에 대한 사회적 합의는 큰 틀에서 이루어졌다. 계약주체 갑(국가, 자본)에 의한 신체 구속의 정도에 대한 격렬한 논쟁이 발생하였음에도 불구하고 말이다.

그러나 노동이외의 시간에 대한 태도는 큰 틀에서조차 사회적으로 합의되지 않아왔다. 비노동시간의 관리와 통제, 사용권에 대한 합의가 불가능했던 까닭은 자본주의 사회에서 노동행위가 갖는 비중이 너무 컸기 때문이다. 다른 말로 하면 노동시간을 위해서 노동이외의 시간이 희생되어왔기 때문에 그러했다. 상품관계에 편입되어 있는 인간의 활동 중에서 계약관계 밖에 위치된 시간조차 계약적 노동을 위해서 봉사하는 경우가 많았기 때문이다. 자본주의의 구조적 힘에 의한 비노동시간의 노동자원화의 문제는 인간의 생존과 기본권의 확대를 위한 장기적인 투쟁 속에서 점차 노동시간의 단축이라는 차원에서 해결의 방향을 찾았다. 그러나 노동시간의 단축은 노동생산성의 향상이라는 전제조건의 충족여부와 밀접하게 연관되면서, 노동시간이라는 주제는 노동생산성이라는 주제와 긴장관계를 발전시킨다. 물리적이며 수량적인 시간에 대한 관리가 업무성과에 대한 수량화된 평가지표들이 발전되면서, 노동의 품질에 대한 연구와 결합되었다. 이른바 '테

일러주의' 라는 노동의 과학적 관리주의, 분업을 통한 대량생산 시스템 구축을 통해서 대량소비의 시대를 구축한 '포드주의' 는 노동활동의 관리 뿐만 아니라 시간의 관리까지를 포함하는 것이었다.[15)]

노동시간은 충분히 축소되었는가. 인간의 삶은 생존을 위한 노동계약에서 자유로워 졌는가. 이 질문에 대한 연구자들의 답변은 유(類)적 존재로서의 인간이 단일하게 논의되기 어렵다는 현실적인 문제 앞에서 몇 가지로 전개된다: 첫째, 인간의 사회적 삶은 계급과 계층에 의해서 구별된다는 판단을 바탕으로 노동시간의 비균등적 배분상황을 과잉노동에 직면한 특정 계급 구성원 연구로 치환하는 경우이다. '인간연구에서 계급연구로의 전환' 이 곧 자본주의의 본질에 대한 비판과 더불어 사회에서 숫적으로 대규모를 차지하는 인구 구성의 노동시간의 과잉문제 분석을 통하여 민주주의(democracy)라는 도덕적 근거를 확보하면서 이러한 연구풍토는 학문적 정당성을 획득한다. 둘째, 인간과 계급 대신 '개인(individual)' 이라는 분석범주를 전면에 등장시키는 방향이다. 인간 또는 계급이 유적존재와 어떤 공동체적 성격을 그 범주에 담고 있다면, 개인은 개체성(individuality)을 핵심개념으로 삼고 있다. 더 이상 쪼개거나 분화시킬 수 없는 한 인격적 존재의 삶을 위한 자유와 선택이라는 도덕적 기준을 삼고 있다. 이른바 절대왕정의 폭력적 권위에 대항하면서 발전한 자유주의적 담론의 현대적 구현물이 바로 '개인' 인 것이다. 많은 사회구성원들이 과잉 또는 초과노동시간에 직면해있는 상황에 대한 비판적 논의와 대안마련

---

15) 스트루방(M. Stroobang). 1993/2003. 박주원 역. 『노동사회학』. 동문선.

과정에서, 또 다른 권위와 압력수단을 동원하여 노동시간의 제약문제를 해결한 개인들의 권리를 침해할 수는 없다는 자유주의적 개인관이 노동시간 연구의 한 축이 되는 것이다.

셋째, 초과노동시간을 개인 또는 집단적으로 선택한다는 자원주의(voluntarism)적 연구경향이다. 보다 확대된, 보다 가치가 있는 고비용적인 사회적 활동을 위한 경제적 자원의 마련을 목적으로 초과노동을 선택하는 경우가 발생하기 때문이다. 이러한 초과노동의 선택을 자본주의적 관계로부터 직접적으로 발생하는 것으로 이해해야 하는가, 아니면 특정의 경제공동체가 생산해내는 문화적 특징들에 기인하는 것으로 파악해야 하는가에 따라서 계급이나 계층이 아닌, 문화적 단위로서의 국민이라는 범주가 등장하기도 한다. 넷째, 연구경향은 노동시간의 수량화된 측정 방식을 변경해야 한다는 '노동시간의 파편화' 또는 '노동의 일상화'에 대한 연구이다. 동시대의 경제환경의 변화는 우선 시간과 장소의 제약 축소를 포함한다. 야간 노동과 휴일 노동이 '교대근무제'로 발전하고, 노동시간이 시간제근무의 형태로 쪼개져서 일상에 배분되면서 노동과 비노동시간의 관계성이 변화하고 있다는 것이 지적된다. 자본과 국가가 시간의 관리에서 품질과 성과의 관리로 이동하는 산업분야가 생기는 것도 이러한 노동시간 연구의 새로운 환경을 드러내준다. 이 뿐만 아니라, 소비성향의 변화와 소비자(고객)의 선택기준의 변화는 문화산업 분야를 시작으로 점차 전 산업분야에서 제품 품질 이상의 심리적 만족도를 고려해야하는 상황으로 노동환경을 변화시켰다. 창조적인 생각과 도전, 실험정신의 강조는 산업적 구현을 위한 훈련이외에 일상을 노동상황으로 변화시켰다. 전통적으로 비노동적 잔여시간에서 향후 노동활동을 위한 육체적, 생리적, 심리적 조건 충족의 기능을 찾았다면, 동시대는 노동활동 그 자체의 결과적 특징들을 뒤바꿀 수 있는 강력한 노동자원이 일상에 존재하게 되면서 노동행위와 노동자원의 간접적 활용의 경계가 모호해지고 있다. 요구되어지는 노동력의 수준이 고도화되면서, 일상이 노동활동의 기초적인 수련과 실습환경이 되기도 한다. 씨줄과 날줄처럼 얽혀있는 상품관계의 일상화는 이 곳에서 비노동활동을 하는 동시대인들의 생활전체를 노동행위와 결부시키는 힘을 가진다.

3. 노동에 대한 주관적 태도

3.1. 노동에 대한 태도의 유형화

노동시간의 단축여부, 노동활동의 사회적 평가여부와는 상관없이 노동에 대한 태도는 개인(individual)의 인지적 수준에서 볼 때 4개의 유형화 안에서 파악될 수 있다. 앞선 2장에서 주로 다루었던 거시적이며 총괄적인 사회적 노동관의 소개와 달리 3장에서 주관직 태도를 중심에 놓고 노동을 이해하려는 이유는 무엇보다도 노동이라는 행위 또는 구체적인 활동에 대해 어떤 태도를 취할 것인가의 판단의 주체는 최종적으로 '개인'의 몫이라는 현실적 판단 때문이다. 사회구조적인 요인들에 의해서 개인들에게 내재화되어 있는 '노동 친화적인 태도'–노동활동 조성에 대한 국가적, 사회적 책무 요구가 확산되어 있는 21세기 초엽의 만성적 실업의 위협 상황에서 특히 두드러진다-는 노동활동에 대한 새로운 이율배반적인 입장들을 개인들에게 확대시켜왔다. 사회(공동체) 유지의 필수적 노동활동에 대한 수용의 태도라는 측면에서 보면, 고대 그리스인의 관점인 '노예'적 지위를 현대의 시민들은 현실적으로 받아들인다. 세속화(탈영성화)의 지속적 확산 속에서 더 이상 초월자에 의한 규범적 강제에 의한 노동관을 반드시 수용할 필요가 없음에도 불구하고 말이다. 개인의 성취욕과 삶의 실현 방식의 차이는 '금욕적 노동관'의 전 사회적 확산을 더 이상 당연하게 받아들이지는 않는다. 그럼에도 불구하고, 상품의 소비와 관련하여 욕망적 수요에 대한 높은 관심을 충족하기 위해서 노동활동을 수단화시키는 경향은 확대되고 있다.

판단의 근거 또는 이것을 구성하는 다양한 사회적 자원들과 이해방식들, 정당화 논리들은 각 사회의 역사적, 문화적, 상황적 특징들과 결부되기 때문에 4개의 유형에 해당되는 개인들의 비율이 바뀔 수는 있다. 그럼에도 불구하고 개인의 몫에 부여된 판단의 결과는 4가지의 태도로 귀결된다: 첫째, 노동활동에 대해서 적극적인 자기실현의 의미를 부여하는 태도; 둘째, 성취행위라기보다는 도구적 만족감을 수용하는 태도; 셋째, 성취동기와 정당화의 근거가 부족한 역할수행의 태도; 넷째, 존재감이 상실되는 자기파괴적인 노동 등이다.

첫째, 노동활동에 적극적인 자기실현의 의미를 부여하는 태도는 이른바 '몰입(沒入, absorption)'되는 심리적 상황을 유발시키는 만족감이 큰 활동을 수행하는 때에 드러난다. 본인이 특정의 노동행위를 왜 해야하는가에 대한 객관적인 분석 또는 이성적인 설명 이전, 향후 어떤 결과가 발생할 것인가에 대한 치밀한 예측 이전에 미리 그 행위를 할 준비가 되어있는 자기실현과 성취의 기대감에 빠지는 태도가 되겠다. 과연 이러한 상황에서 그 노동행위가 상품관계 안에 편입되어있는지의 여부를 평가하는 것이 중요할까. 개인의 자기실현에 대한 기대와 만족감이 충족되는 상황은 생산관계 속에서 등장하는 노동의 사회적 의미가 본인에게 중요하게 와 닿을까. 물론 어떤 사회는 노동의 사회적 의미에 완전 동화되는 사회화된 노동의 주체를 다양한 기제를 통해서 육성하려고 하겠지만, 심리적 상태와 결부되어 발생하는 노동행위의 만족감은 분명 노동의 사회적 의미 해석 영역 바깥에 위치할 것이다.

둘째, 풍부한 성취동기와 극대화된 만족감은 없을지라도 개인이 어떤 노동행위를 수행하는데 있어 충분한 근거를 제공하는 경우가 많다. 이러한 경우는 왜 해당 노동활동을 해야하는가에 대한 해석과 판단, 그리고 적극적인 '수용'의 태도가 발생하는 상황이다. 이러한 노동유형은 그 자체로 사회화된 인간의 노동의 한 형태가 된다. 왜냐하면 특정 노동행위가 갖는 의미, 그 노동행위를 통해서 발생하는 기대효과에 대한 예측이 전개되기 때문이다. 이 상황에서는 그 노동행위를 왜 해야하는가에 대한 적극적 또는 소극적 의미부여가 사회적으로 전달된 '정당화(justification)' 논리에 의해서 뒷받침된다. 다시 말하면 노동의 주체는 자신의 노동을 평가하는 어떤 윤리적, 도덕적 근거를 이미 판단기제 안에 담고 있는 것이다. 특정의 노동행위 자체보다는 이것을 둘러싼 사회적 의미에 집중하는 태도가 된다.

셋째, 성취동기의 부족뿐만 아니라 행위를 이끄는 합리화의 근거가 부족한 상태에서 수행하는 노동의 태도가 된다. 자기실현의 의지 또는 감성적 몰입이 불가능해서 노동행위에 적극적으로 동화되지 못할 뿐만 아니라, 사회적으로 제공되는 규범이나 윤리 등을 수용하지 못하는 상황에서 발생한다. 특정 노동활동에 대한 자기합리화나 정당화의 기제를 받아들이지 못하거나 회의하면서도 그 노동활동을 벗어나고자 하는 적극적인 시도도 하지 못하는 상황에서는 스스로 본인의 존재감을 의심하는 태도가 발생한다. 물론 이 상황에서 개인은 끊임없이 자신의 노동관을 평가하는 냉소적인 심리를 갖고 있다. 사회가 급격히 변화하면서 발생하는 수 많은 이해관계의 충돌과 새로운 가치관들의 혼재 상황에서 그 어떤 합리화의 수단과 정당화 기제들이 다른 것에 우월하게 작동하지 못하는 때에 발생한다. 이러한 상태는 일시적으로 발생할 수 있고, 때에 따라서 장기적으로 지속될 수도 있다.

넷째, 자기파괴적인 노동의 태도는 적극적인 가치판단과 정당화의 논리를 가졌음에도 불구하고, 자신이 그것에 반하는 노동활동을 하고 있을 때 발생한다. 사회구조적인 요인 때문에 발생한다는 원인의 사회적 해석보다는 자기 자신의 적극적인 선택과 결정적 부족, 무능 등으로 책임성 문제를 스스로에게 돌리는 상황이다. 특정 노동에 대한 수용 문제에서 본인의 존재감에 대한 소외로 심리적 압박으로 발전하는 형국이라 하겠다. 사회적 윤리 또는 규범들이 충돌할지라도 본인 스스로가 보다 상위의 규범과 윤리적 태도를 인정함에도 불구하고, 그것을 노동행위 속에서 구현하지 못하고, 오히려 스스로 부정하는 노동행위의 근거들을 본인이 실천하고 있음에 대해서 강력한 도덕적 제재를 자신에게 겨누는 상황이다.

3.2. 노동과 여가의 공통점과 차이

여가에 대한 개인의 태도도 노동에 대한 태도와 유형적으로 유사하다. 기존 여가학계에서 관습적으로 수용되던 여가의 정의를 통해서 살펴보자: "광범위한 여가 개념은 시간, 활동, 심리상태 등 세 가지 관점을 통합적으로 고려하여 정의된다. 즉, 여가란 각자가 자유롭게 선택하고 쓸 수 있는 자유시간에, 각종 의무로부터 벗어난 자발적 활동을 통하여 즐거움이나 행복을 느끼는 것으로 정의할 수 있다."[16)]

이러한 여가관에서 보면, 심리적 만족상태 또는 자기실현을 꾀하는 적극적인 실천으로의 여가활동은 노동활동에 대한 첫째 태도와 유사하게 파악될 수 있다. 사회적으로 다양하게 구성되는 여가에 대한 이해와 여가자원들, 동기들이 역사적으로, 문화적으로 차이가 발생할지라도 개인의 심리적 상태에 끼치는 만족도와 보다 적극적인 표현으로 몰입적 여가활동의 태도는 유형적으로 유사하게 확인가능하다. 설령 특정의 여가활동이 경제관계에 편입되어 해석되어질 지라도 말이다.[17)]

한편, 자기실현과 몰입의 정도는 부족할지라도, 도구적인 기능에 의해서 한 개인이 선택하는 여가활동도 노동에 대한 태도와 마찬가지로 사회적인 규범과 윤리적 기초와 더불어 합리화의 수단과 정당화의 기

---

16) 문화관광정책연구원. 2006.『여가정책백서』. 9쪽.

17) 심리적 만족, 시간, 활동의 3요소로 이해되는 여가에 대한 개념적 태도에 대한 비판에 대해서는 박선권(2006.『현대적 여가의 상태』. 르네상스.), 신종화(2007.「여가 개념의 지평과 대안적 정의」.『한국학논집』35: 199~230)을 참조할 것.

제를 갖고 있다. 가족, 직장 및 기타 사회적 관계에 의해서 발생하는 지위와 역할에 근거한 단체적 여가활동에 대한 태도는 이 유형에 속한다. 비록 어떤 여가활동을 적극적으로 수용하지 못한다 하더라도. 그 여가활동을 통해서 획득하게 되는 사회적 가치와 기회들을 받아들이기 때문이다. 또한 여가활동의 사회적 가치를 판단하거나 효과에 대한 예측을 하지 않는 상황에서도 스스로에게 투영하는 어떤 도덕적 잣대와 실천적 요구, 사회적 역할에 대한 본보기로서 학습하고자 하는 특정의 여가활동을 받아들이는 태도가 이 유형에 속한다.

노동의 셋째 유형과 넷째 유형이 노동 소외의 약한, 강한 상황인 것처럼, 여가 또한 소외적인 상황이 발생한다. 여가에 대한 태도에서 개인은 그 활동에 대해서 적극적으로 의미를 부여하지도, 사회적인 정당화 수단기제에도 확신을 갖지 못하는 상황에서 사회적인 관계로부터 발생하는 특정 형태의 여가활동을 수행한다. 타인의 직접적인, 간접적인 권유에 이끌려서 배우게되는, 참여하게되는 여가활동에서 어떤 개인은 심리적인 미만족 상태를 감출 수 있다. 때로는 만족하지 못하는 상황과 받아들이지 못하는 여가활동의 근거들을 공개적으로 표현하면서도 그 여가활동을 적극적으로 배척하지 못하는 경우가 발생한다. 한편, 자기파괴적인 여가활동도 존재한다. 스스로의 자제력을 상실하면서도 그 활동을 멀리하거나 벗어날 수 없는 중독적인 여가활동도 발생한다. 일시적으로 발생하는 몰입적 충동 이후에 전달되는 심리적 박탈감을 확인하면서도 그 상황의 반복을 극복하지 못하는 경우가 해당된다.

노동과 여가에 대한 개인의 태도는 다음과 같이 비교될 수 있다.

<table>
<tr><th>개인적인 태도/반응</th><th>노 동</th><th>여 가</th></tr>
<tr><td rowspan="2">적극적인 동기화,
몰입</td><td>계약관계의 유무와
무관하게 발생</td><td>자기-만족적</td></tr>
<tr><td colspan="2">개인적 가치 ⊇ 사회적 가치</td></tr>
<tr><td rowspan="2">사회적 정당화
기제의 수용</td><td>노동의 기능적 효과
인정,
사회화된 가치 수용</td><td>여가의 기능적 효과
인정,
사회적 존재감 확인</td></tr>
<tr><td colspan="2">개인적 가치 ⊆ 사회적 가치</td></tr>
<tr><td rowspan="2">충돌하는
사회적 가치들에
대한 미선택</td><td>소극적 수용,
자신의 존재감에
대한 회의</td><td>강한 관습적 태도,
자신의 선택에
대한 불만족</td></tr>
<tr><td colspan="2">개인적 가치 < 사회적 가치</td></tr>
<tr><td rowspan="2">내면화된
사회적 가치와
행동의 불일치</td><td>스스로 강제된
사회적 가치,
개인적 존재감 상실</td><td>사회적 가치와
규범의 수용,
개인적 실천적 부재</td></tr>
<tr><td>개인적 가치 ≑ 사회적 가치</td><td>개인적 가치(사회적 가치)
≑ 사회적 가치</td></tr>
</table>

동시대의 여가문화산업 중에는 이른바 '테마파크/놀이공원' 이라는 것이 있다. 미국의 디즈니랜드 및 한국의 롯데월드, 에버랜드 등이 대규모의 테마파크로서 수많은 어린아이 및 청소년들과 가족들의 여가 공간으로 활용되고 있다. 이 곳에는 동물의 인형을 쓰고 관람객을 즐겁게 해주는 가면배우들과 아동극의 주인공 및 기타 출연진으로 극적 활동을 하는 극배우들이 있다. 이들의 노동활동은 관람객의 여가활동의 보조적 역할로서 기능한다. 타인 여가활동의 만족도를 향상시키기 위한 이런 노동을 여가관에서 어떻게 보아야 할 것인가? 이러한 테마

파크 기업들은 이러한 가면배우, 극배우들에게 연극적 활동의 의미를 부각하여 공원의 각 장소를 공연의 무대로서 이해시키면서, 노동환경의 예술적 의의를 부각한다. 이들은 공연예술을 하는 여가활동 중인가, 노동활동 중인가.

19세기 말과 20세기 초에 활동한 여가학자, 베블렌(Thorstein Veblen)은 하인(또는 피고용인)의 여가는 그들 자신의 여가가 아니라고 지적한다. "그의 여가는 전문화된 서비스 봉사로 위장하여 주인의 삶의 만족도를 증진시키는 것에 지나지 않는다." 한편 유한계급인 주인을 과시해 주는 데 사용된 노동은 여가의 유한활동으로 분류된다고 지적한다. "이런 노동은 경제적으로 자유로운 주인 이외의 사람들에 의해 수행된다는 점에서 대리여가활동(vicarious leisure)으로 분류되어야 한다."[18]

적극적인 노동이 여가활동이 되고, 여가활동이 좋은 노동으로 파악될 수 있는 것과 마찬가지로, 소외된 여가활동은 곧 소외된 노동이 되며, 소외된 노동은 소외된 여가—일종의 대리여가활동—으로 이해될 수 있다. 다시 말하면 노동과 여가의 관계가 대립과 배제가 아니라, 상호보완이 되며, 나아가 어떤 상태에서는 노동과 여가라는 두 개의 개념으로 동시에 해석될 수 하나의 '개념적 대상'인 것이다. 그렇다면, 노동이라는 주제를 중심으로 놓고 이해했던 세상을 여가라는 주제로 다시 살펴보는 것은 어떠한가. 특정의 노동행위와 활동 양태들에 대한 가치판단을 여가라는 관점에서 제시할 수 있지 않을까.

---

18) 베블렌(T. Veblen). 2007. 원용찬 역.『유한계급론』. 살림. 173~4쪽.

'좋은 노동'에 대한 근거는 개인적 가치와 사회적 가치의 구체적인 내용 속에서 기초적으로 마련될 수 있다. "본질적으로 '좋은 노동' 개념은 현대 자본주의사회에서 생계의 유일한 원천이 된 직업노동이 '소외된 노동'이라는 비판적 인식으로부터 출현한다. 따라서 노동 과정의 비인간화를 극복한 노동, 즉 노동의 인간화를 실현한 노동이 곧 '좋은 노동'이다."[19] 하지만, 개인적 가치와 사회적 가치가 불일치하거나 충돌하는 상황에서-사실 역사적으로 일반석인 상황이다-는 가치판단의 근거들은 쉽게 합의될 수 있지 않다. 공동체의 강력한 힘, 문화적 가치의 공고함, 윤리적 기준들과 이데올로기의 결합이 진행되는 상황에서는 사회적으로 구성되고 주장되는 좋은 노동이라는 것이 개인들의 자유로운 노동관을 제약하는 강제요인으로 작동할 수 있기 때문이다. 마찬가지로, 자유에 대한 개인주의의 절대적 옹호도 결과적으로 다른 사회구성원의 노동과 여가에 대한 만족도에 영향을 끼치게 된다. 자유주의와 공동체주의의 이론적 대립은 그 자체로 '좋은 노동'의 해석적 근거를 만드는 데에도 발생하게 된다.

한편 구체적인 사회적 상황의 전개과정을 이해하기에 앞서서, 선행적으로 생산된 역사적 교훈 또는 이것의 규범화된 신조(credo)를 통해서 좋은 노동의 근거를 마련하는 작업은 경험주의 또는 일종의 조작화로서 위험성을 노출할 수 있다. 왜냐하면 좋은 노동에 대한 사회적 합의를 생산하는 과정이 특정 활동 자체에 대한 상황적 의미부여

19) 박수호. 2009.「노동과 여가의 통합적 이해: 불교적 관점과 '좋은 노동'」.『동양사회사상』19: 21~50. 33쪽을 참조할 것.

가, 과거의 경험에 대한 탈맥락적 윤리적 근거들에 대한 정당성과 권위의 위양으로 대체되기 때문이다. 다른 말로 하면 사회적 경험들이 판단되는 근거와 정당화 기제들이 지속적으로 평가되면서 갱신되어지는 과정인 가치판단의 항구적 재생산이 위축되는 것이다. 더욱이 역사적 경험과 선험적인 윤리적 신조들은 상당히 많은 경우 복수의 대립되는, 다양한 형태와 내용으로 전해지는 것이다. 이러한 복수의 가치판단 기제들의 존재는 곧 역사적 경험과 선험적인 윤리적 신조들의 일부가 선택되고, 또 일부는 무시된다. 개인과 사회에게는 이것들이 선택가능한 자원(resources)들일 뿐인 것이다. 최종심급에서의 가치판단은 철저하게 주체의 선택에 달려있다.

그렇다면 특정한 노동/여가 활동에 대한 사회적 평가가 합의에 도달하지 못하고, 서로 다른 근거들로 대립하고 있는 상황, 다시 말해서 가치판단과 근거들과 정당화의 기제들이 서로 충돌하는 상황에서 '좋은 노동'의 사회적 양태들을 어떻게 구성할 것인가. '좋은 노동'에 대한 서로 다른 근거를 가진 주체들이 어떻게 '좋은 노동'의 확인을 위한 사회적 합의들을 '추가적으로' 만들어 갈 것인가? 첫째, 주체들이 서로의 존재를 인정하는 사회성의 중요함을 그들 스스로 받아들여야 한다. 다른 표현으로, 각 주체는 자신들이 사회의 다른 구성원(타인)에 의존적인 존재일 수 밖에 없는 현실적인 판단과 더불어 다른 구성원의 존재감을 인정해야 한다는 것이다. 구체적인 상황에서는 자신과 한울타리 안에 함께 존재한다는 것을 확인하는 것은 공동체적 영역의 경계를 파악하는 것이기도 하다.

4. 새로운 사회구조의 출현(?): 소결론

21세기로의 전환기는 정치적으로 탈냉전, 민주화 그리고 미국중심의 세계질서 구축으로 요약되곤 한다. 이러한 정치지형의 변화는 신자유주의에 기반한 지구화라는 새로운 정치-경제적 상황으로 설명된다. 이러한 새로운 정치관계는 새로운 노동환경을 제공하고 있으며, 정치적 갈능 속에서 전통적인 계급주의적 연대 대신에 새로운 사회운동의 흐름을 모색하고 있다(네그리, 2001). 한편 인간의 노동활동이 자본주의 또는 초기산업주의적 특징에서부터 크게 변화하고 있다는 지적은 경제사회적 환경의 분석의 역사에서 지속적으로 등장해왔었다. 1970년대에 출간된 벨(Daniel Bell)의 『탈산업사회의 도래』는 '지식-기술' 담론의 정치-경제적 확산 경향 속에서 큰 주목을 받았다:

> "'탈산업사회' 개념은 새로운 기술, 경제성장, 사회의 계층화가 조직되어지는 기축으로서의 이론적 지식의 중심성을 강조한다. 혹자는 이 기축원리가 선진산업사회에서 점점 더 현저해지고 있음을 경험적으로 보여주고자 노력할 수도 있다. (중략) 소련과 미국이 비록 소유의 축을 기준으로 할 때는 서로 구분되지만 모두 산업사회인 것과 마찬가지로, 자본주의적 탈산업사회가 존재할 수 있듯이 사회주의적 탈산업사회도 존재할 수 있다.(중략) 탈산업사회에서 주요 문제는 과학의 조직화이다. 그리고 주요 제도는 그 같은 일을 수행하는 대학과 연구소이다.(중략)국가의 과학지원의 성격과 유형, 과학의 정치화, 노동의 과학팀별 조직화라는 사회학적 문제 등이 탈산업사회의 중심적인 정책쟁점이 되었다."[20]

---

20) 벨(D. Bell). 1999/2006. 김원동·박형신 역. 『탈산업사회의 도래』. 아카넷. 305~13쪽.

하지만 '후기산업사회/탈산업사회' 론이 내포하는 기술의 발전, 소유, 활용주체에 대한 깊은 관심에 대한 부정적인 견해도 있었다. 1970년대라는 이데올로기 대립과 분화의 시대-미국 · 소련중심의 냉전의 지속, 서구유럽 진보진영 내부의 이념적 파편화 등-에서 기술진보사관은 곧 자본주의에 내재한 위기동학을 은폐하는 기능을 했다는 것이다.

> "'강건한 기업 선구자'를 '전문가집단'으로 대체하고 '거대한 金融貴族'을 匿名의 관리자집단으로 대체했다(官僚機能人 때로는 노동조합 지도자와의 공생관계 속에). 기술technology의 全能性에 대한 신념도 후기자본주의 시기에서 부르즈와 이념의 특수한 형태다. 이러한 이념에서는 기존 사회질서의 틀 내에서 점차 모든 위기의 가능성을 배제할 수 있고 모든 자체 모순에 대해서 '기술적' 해결을 할 수 있으며 혁명적 사회계급을 체제 내로 통합하여 정치적 변혁을 회피할 수 있다고 주장한다. 사회구조를 '기능적 합리성'이라는 규범으로 통치한다고 하는 '후기산업사회'라는 개념도 똑같은 이념적 조류에 상응하는 것이다."[21]

마르크스주의 사상가 만델(Ernest Mandel)에게는 후기자본주의(Late Capitalism)는 자본주의의 고유한 메카니즘이 관철되지만, 제국주의시대 이후 저개발 국가들의 초과착취와 급격한 기술혁신을 바탕으로 선진자본주의 국가들의 사회구조가 재편되고 있는 20세기 중반의 세계적 차원의 자본주의적 특징을 일컫는다. 제임슨(Fredric Jameson)이 '후기자본주의의 문화적 논리'라고 해석했던 '탈현대주

21) 만델(E. Mandel). 1975/1985. 이범구 역. 『후기자본주의』. 한마당. 491~2쪽.

의(post-modernism)'의 경제사회적 배경으로 지적된 '기술의 진보와 상품의 대량적 소비'가 바로 벨과 만델이 서로 다른 어조로 함께 지적했던 1970년대의 새로운 사회구조의 특징인 것이다.[22)]

어느 사회 내부에서 지배적인 특징으로 또는 새롭게 위협적으로 포착되는 노동활동의 형태는 다양하다. 단순히 형태적 다양성만 발견되는 것은 아니다. 노동에 대한 사회적 태도 또한 특정 노동활동의 사회적 수용과 확산과정에서 새롭게 등장하거나 장기적으로 지속한다. 노동환경의 변화와 노동에 대한 사회적 태도의 변화는 그 흐름을 함께 한다. 다소 과장되게 표현하면 '가치관과 사회구조는 특징을 공유하고 지지할 상대에 의존'하는 것이다.[23)] 더욱 간단히 말하면 '세계와 세계관은 함께 변하는 것'이다. 21세기 초엽인 현재는 금욕적 노동관이 생산성의 추구와 시간의 통제를 바탕으로 아직도 사회적으로 큰 힘을 발휘하고 있다. 그러나 2~3백년전 서구에서처럼 소명의식이 사회적으로 확산되기보다는 오히려 그 기저에서부터 위협받고 있다. 다른 한편 생산성의 효율적 제고라는 차원에서 '창조적 결과물'의 생산

---

22) Jameson, Fredric. 1991. Postmodernism, or, The Cultural Logic of Late Capitalism. Verso.

23) "근대 인간관은 잘못된 삶의 이정표를 제시한다. 인간관에 따라서 삶의 최종 목표는 달라진다. 근대 인간관은 인간을 이성적인 존재, 욕망충족적인 존재, 이기적 존재, 노동하는 존재로 규정한다. 인간을 이성적인 존재로 규정하면, 이성의 실현이 삶의 목표가 된다. (중략) 인간을 노동하는 존재로 전제하면, 노동을 통한 자기실현이 목표가 된다. 그러나 이성의 실현, 욕망의 충족, 이기적 관계, 노동을 통한 성취는 인간 삶의 목표가 아니다. 그것은 인간 삶의 목표인 인간답고 행복한 삶을 위한 도구일 수 있는 있지만, 그 자체가 목표가 될 수 있는 것은 아니다. 즉 근대 인간관은 궁극적인 인간다움에 이르기 위한 수단과 목표 간의 전도 문제를 야기한다."(이현지. 2009. 『동양사상과 탈현대의 발견』. 한국학술정보. 28~9쪽.)

을 위해서 노동시간의 관리를 노동의 주체들에게 위임하는 경향도 확대되고 있다. 과잉화된 노동시간의 단축을 위한 사회적 노력의 확대와 함께 이율배반적으로 파편화된 노동시간에 의존한 사회적 삶의 제약조건도 확장되고 있다. 노동활동과 관련된 확대된 불확실성을 다시금 전사회적으로 해결하고자하는 노력이 '조직화된 사회운영'의 20세기적 한계의 재현처럼 전체주의적 경향으로 전개될지, 아니면 사회구성원들의 자발적 동기가 자율적으로 확산될지의 여부도 판단하기 어려운 상황이다. 다만 그 긴장관계의 수준이 점차로 증가하고 있다는 점이다. 세계적 수준에서 다시 등장한 경제적 위기 상황에서, 독재시대의 극복에도 불구하고 지속되는 정치적 대립에서, 노동의 사적인 토대인 가족관계의 변화 속에서, 노동의 주체들이 갖는 삶의 의미 추구방식이 다양화되고 있으며, 이 속에서 새로운 노동관이 꿈틀대고 있다.

> "단위 시간당 생산력이 크게 높아진 세계에서 인간이 지속적으로 노동을 한다는 것은 무엇을 의미하겠는가? 파국의 촉진이다......이에 따라서, 우리들은 대중적인 차원에서 '여가를 어떻게 보내는가?' 하는 것이 삶에서 가장 중요한 문제가 되는 새로운 시대로 급속하게 이동하고 있다. (중략) '노동과 소비의 시대로부터 구도의 낙도의 시대로의 전환', 이것이 바로 우리 시대가 이루어내야 할 변화의 본질이다.......그러나 현실의 우리들은 완강하게 '노동의 고귀한 가치'를 고집하고 있다. 이로 인해서, 근대적 노동관과 유한(有閑, 인용자 추가)의 대중화 간에 심한 충돌 현상이 일어나고 있다.(중략)그러나 우리들은 근대적 노동관을 움켜쥐고서 기술 발달의 필연적 결과로 초래되는 유한의 증가를 비관적인 관점에서만 해석하고, 이를 어떤 식으로든지 저지해 보려고 하는

우매한 반응을 보이고 있다."[24)]

사회구조(social structure)에는 정치, 경제, 문화 분야의 물질적 요소와 더불어 가치체계들이 포함되어있다. 마르크스주의적 전통의 언어로 말하자면, 경제관계라는 토대와 조응하거나 충돌하는 상부구조의 역동적 흐름 안에는 사회적으로 구성되는 이데올로기와 다양한 가치들이 내재해있다. 한편 20세기 중엽 미국의 사회학자인 파슨스(Talcott Parsons)의 사회체계론에는 기능적인 역할체계와 더불어 규범과 가치체계들이 함께 구성되어 있다. 이 논문의 제목이 의미하는 '근대적 노동관과 새로운 사회구조의 충돌'은 현재의 사회구조적 특징들이 그 내부로부터 균열되는 상황이 되겠다. 새롭게 출현하는 사회구조의 맹아는 현재의 경제환경과 긴장관계를 보다 높이고 있는 노동과 여가에 대한 사회적 태도들과 개인들이 투영하는 가치들이 포함되어 있다. 사회에 대한 과학적 통제와 관리방식들의 실천이 불확실성을 감소시키지 못하고, 사회적 삶의 수준에서 불확실성을 다른 형태로 증가시키고 있는 것이 21세기 초엽의 상황이라 하겠다. 노동에 대한 새로운 태도들과 이것을 지지하는 세계관적 요소들이 보다 증가할 때, 이러한 불확실성은 급신석으로 다른 제계요소들에 영향을 끼치게 될 것이다.

---

24) 홍승표. 2005.『동양 사상과 탈현대』. 예문서원. 32쪽. "탈현대사회에서는 생산의 자동화로 인하여 노동이 삶의 주변으로 물러날 뿐만 아니라, 탈현대 세계관의 관점에서 볼 때, 노동 그 자체가 인간다움을 이루는 목적적인 활동이 될 수는 없다"(홍승표. 2009.「통일체적 세계관과 인간적 노동의 구현」.『동양사회사상』19: 5~20의 13쪽)

참고문헌

박선권. 2006.『현대적 여가의 상태』. 르네상스.

박수호. 2009.「노동과 여가의 통합적 이해: 불교적 관점과 '좋은 노동'」.『동양사회사상』19: 21~50쪽.

신득렬. 2005.「아리스토텔레스와 듀이의 여가 개념」.『교육철학』27: 37~59쪽.

신종화. 2005.「현대성과 여가: '노동중심' 사회에서 '여가' 사회로의 관심의 이동」.『한국학논집』32: 275~304쪽.

______. 2007.「여가 개념의 지평과 대안적 정의」.『한국학논집』35: 199~230쪽.

이현지. 2009.『동양사상과 탈현대의 발견』. 한국학술정보.

홍승표. 2005.『동양 사상과 탈현대』. 예문서원.

______. 2009.「통일체적 세계관과 인간적 노동의 구현」.『동양사회사상』19: 5~20쪽.

홍승표 외. 2006.『동양사상과 탈현대의 여가』. 계명대학교 출판부.

기리아니 · 리트케(O. Giarini, P. M. Liedtke). 1997/1999. 김무열 역.『노동의 미래: 로마클럽 보고서』. 동녘.

네그리(A. Negri). 2001. 윤수종 역.『제국』. 이학사.

리프킨(J. Rifkin). 1996. 이영호 역.『노동의 종말』. 민음사.

마르크스(K. Marx). 1988. 김호균 역.『경제학 노트』. 이론과 실천.

만델(E. Mandel). 1975/1985. 이범구 역.『후기자본주의』. 한마당.

바비(E. Babbie). 2007. 고성호 외 역. 『사회조사방법론』. Thomson.
베버(M. Weber). 2006. 김상희 역. 『프로테스탄트윤리와 자본주의 정신』. 풀빛.
베블렌(T. Veblen). 2007. 원용찬 역. 『유한계급론』. 살림.
벨(D. Bell). 1999/2006. 김원동 · 박형신 역. 『탈산업사회의 도래』. 아카넷.
스트루방(M. Stroobang). 1993/2003. 박주원 역. 『노동사회학』. 동문선.
아렌트(H. Arendt). 1958/1996. 이진우 외 역. 『인간의 조건』. 한길사.
아리스토텔레스(Aristoteles). 1996. 이병길 · 최옥수 역. 『정치학』. 박영사.
토니(R. H. Tawney). 1927/1983. 김종철 역. 『종교와 자본주의의 발흥』. 한길사.
토발즈(Linus Torvalds) · 다이아몬드(David Diamond). 1899/2001. 안진환 옮김. 『리눅스* 그냥 재미로』. 한겨레신문사.
토발즈 · 히매넌 · 카스텔스(L. Torvalds, P. Himanen, M. Castells). 2001/2002. 신현승 역. 『해커, 디지털 시대의 장인들』. 세종서적.
하이데(H. Heide). 2000. 강수돌 외 역. 『노동 사회에서 벗어나기』. 박종철출판사.
갇비(G. Godbey. 2003. 김용국 역. 『21세기 레저와 레저서비스』. 백산출판사.
한국문화관광연구원. 2006. 『여가백서』.
________________. 2008. 『여가백서』

__________. 2008. 『새 여가정책 포럼』
__________. 2008. 『여가 그리고 정책』.

Jameson, Fredric. 1991. *Postmodernism, or, The Cultural Logic of Late Capitalism*. Verso.

Toffler, Alvin. 1990. *Power Shift: Knowledge, Wealth, and Violence at the Edge of the 21st Century*. New York: Bantam Books.

Wagner, Peter. 1994. *A Sociology of Modernity: Liberty and Discipline*. London: Routledge.

한국 유학의 노동관과 탈현대적 함의

- 이황과 실학자들 간 비교를 중심으로 -

홍원식 (계명대학교)

한국 유학의 노동관과 탈현대적 함의
- 이황과 실학자들 간 비교를 중심으로 -

홍 원 식 (계명대학교)

1. 여는 글

조선의 유학자들은 퇴계退溪 이황李滉(1501~1570)과 같은 주자학자朱子學者나 '반反' 혹은 '비非' 주자학적 입장에 섰던 실학자實學者들 모두 자신들의 사회적 지위와 역할을 스스로 '士'라고 생각하였다. 곧 그들은 자신의 사회적 정체성을 '士'에 두었던 것이다. 이러한 생각의 연원은 당연히 멀리 공자孔子와 맹자孟子에게 있다. 하지만 조금만 자세히 들여다보면 士로서 조선의 유학자들이 가진 생각과 보인 행태는 그들 간에 사뭇 다른 점이 있다. 그것은 특히 주자학자와 실학자들 간에 잘 나타나는데, 이에 본고에서는 '한국 주자학'을 연 이황과 실학자들 간의 차별상을 비교의 관점에서 먼저 살펴본 뒤 이를 바탕으로 '노동'과 '여가', '일'과 '놀이'가 분화되어 갈등을 빚고 있는 현대인들의 삶을 한번 되돌아보고자 한다.

士는 원래 중국 고대 주周나라의 봉건제적 신분 등급과 관련이 있다. 맨 위 천자天子로부터 제후諸侯, 공公·경卿, 대부大夫에 이은 신분으로 지배 계급의 맨 아래이자 백성들의 바로 위 등급이다. 따라서 예禮는 士계급에까지만 적용되었으며, 형벌은 일반 백성들에게만 적용될 뿐 士계급에까지는 미치지 않았다. 하지만 본 글에서 논의하는 士와 직접적인 관계가 있는 것은 춘추 말과 전국 시대에 걸쳐 새롭게 등장하여 한 시대의 주역으로 활동한 제자백가諸子百家들이며, 보다 직접적인 관계가 있는 것은 그 중에서도 유가儒家의 유자儒者들이다. 전쟁으로 지새던 시기 제자백가들은 혈연적 출신 신분과 관계없이 오로지 자신의 학식을 바탕으로 관료가 되기를 희구한 일종의 '지식인 관료 지망생들'로, 제후에게 발탁되면 공·경이나 대부의 신분으로 현실 정치에 참여할 기회를 가졌던 것이다. 이러한 의미에서 유가의 공자와 맹자 역시 자신의 정치적 이상이 현실에 실현될 수 있기를 바랐으며, 또한 그들은 직접 자신의 정치적 이상을 실현할 수 있는 기회를 가질 수 있기를 바랐던 '지식인 관료 지망생들'이었던 것이다.

공자와 그의 문하 제자들은 스스로 '士'로서 사회적 정체성을 가지기 시작하며, 맹자에게로 오면 보다 분명한 논의들을 전개하고 있다. 먼저 공자는 士를 도에 뜻을 둔 사람으로 규정하고 있으며,[1] 이 때문에 士는 입고 먹는 등의 물질적 욕구에 초연해야 한다고 생각했다.[2]

---

1) 『論語』.「里仁」. "士志於道, 而恥惡衣惡食者, 未足與議也."

2) 같은 생각에서 공자는 "士而懷居, 不足以爲士矣" (『論語』.「憲問」)라고 말하기도 하였다.

나아가 士는 자신의 도덕적 성취와 더불어 관료로서의 학식을 겸비해야 한다고 그는 말하였다.[3] 그의 제자인 자장子張도 같은 생각에 "士는 위험한 상황을 만나면 목숨을 바쳐야 하며, 이득을 보는 상황이면 의로운가를 생각해야 한다"[4]고 말하였으며, 증자曾子는 仁을 행하는 것이야말로 모름지기 士의 막중한 임무라고 말하면서 임무는 막중하고 갈 길은 멀다고 하였다.[5]

맹자도 물론 스스로 士라고 생각하면서 사회적 분업이라는 관점에서 본격적으로 '사민관士民觀'을 펼치고 있다. 인간이 모여 사는 사회에는 '선지先知 · 선각자先覺者'가 있기 마련이며, 이러한 선지 · 선각자가 후지後知 · 후각자後覺者를 앞에서 이끌면서 사회는 존속하는 것이기 때문에 자연스레 '정신노동을 하는 자(勞心者)'와 '육체노동을 하는 자(勞力者)'가 있게 되며, 이에 따라 정신노동을 하는 사람은 백성들을 다스려(治人) 부양을 받게 되고(食於人), 육체노동을 하는 사람은 다스림을 받아(治於人) 부양하는 자(食人)가 있게 된다고 그는 주장하였다.[6] 이어 그는, 士는 어떠한 경제적 어려움의 상황에서라도 도덕적 마음을 잃지 말아야 함을 강조하였다. 한편 士는 군주에게 발탁되면 백성들과 함께 할 것이요, 그렇지 않으면 홀로 도를

---

3) 『論語』. 「子路」. "行己有恥, 使於四方, 不辱君命, 可謂士矣." 참조.

4) 『論語』. 「子張」. "士見危致命, 見得思義."

5) 『論語』. 「泰伯」. "士不可以不弘毅, 任重而道遠. 仁以爲己任, 不亦重乎? 死而後已, 不亦遠乎?" 참조.

6) 『孟子』. 「滕文公上」. "或勞心, 或勞力. 勞心者治人, 勞力者治於人, 治於人者食人, 治人者食於人, 天下之通義也" 참조.

행하여 부귀와 빈천이나 그 어떠한 위협에도 흔들리거나 굴하지 않아야 한다고 말하였다.[7]

이러한 가운데 선진先秦 시기의 유사儒士[8]들은 자신을 여느 제자백가의 士들과 경계를 짓는다. 위衛나라 영공靈公이 공자에게 진법陣法에 대해 묻자, 그는 군사의 문제에 대해서는 배운 적이 없다고 한 뒤 바로 다음 날 위나라를 떠나 버렸으며,[9] 제자인 번지樊遲가 농사일에 대해 배우기를 청하자 소인의 일이라고 나무랐다.[10] 또한 맹자는 양주楊朱와 묵적墨翟의 학설이 천하를 뒤덮는 바람에 공자의 도가 드러나지 않는다고 생각하여 그들의 학설을 물리쳐 공자의 도를 지키는 것이 자기의 임무라고 여겼으며,[11] 순자荀子는 「비십이자非十二子」[12]편에서 여섯 학파 열두 명의 학자들을 비판하였다. 이처럼 선진 시기의 유사들은 道를 자임하며 자신의 도덕적 성취와 학식을 바탕으로 관료로서 현실 정치에 참여할 수 있기를 바랐던 것이다. 그리고 뒷날 유교가 국교로 자리잡음으로써 유사가 바로 사를 대신하게 되었다.

---

7) 『孟子』. 「滕文公下」. "居天下之廣居, 立天下之正位, 行天下之大道. 得之, 與民由之, 不得之, 獨行其道, 富貴不能淫, 貧賤不能移, 威武不能屈" 참조.

8) 先秦 시기 '儒士'에 대해서는 홍원식. 1987. 「선진 유학과 유사」. 고려대학교 석사학위 논문(미간행) 참조.

9) 『論語』. 「衛靈公」. "衛靈公問陣於孔子. 孔子對曰, '俎豆之事, 則嘗聞之矣. 軍旅之事, 未之學也. 明日遂行" 참조.

10) 『論語』. 「子路」 4장 참조.

11) 『孟子』. 「滕文公下」. '夫子好辯章' 참조.

12) 『荀子』. 「非十二子」 참조.

유교를 건국이념으로 내세운 조선시대는 중국의 역대 어느 왕조보다도 士의 역할과 활동이 두드러졌다. 불사이군不事二君의 대의명분大義名分을 내세우며 조선 건국을 반대한 채 재야에서 실력을 기르던 '사림士林' 들이 실력을 쌓아 중앙 정계에 진출하는 과정에 士들은 크게 4차례에 걸쳐 큰 화를 입게 되는데, 이것이 이른바 '사대사화四大士禍' 이다. 기묘사화己卯士禍 뒤 한때 중종中宗의 신임을 받아 '도학정치道學政治' 의 이상을 펼치다 끝내 희생된 조광조趙光祖는 士야말로 나라의 원기元氣라고 주장하면서 사기士氣의 진작과 사습士習의 혁신을 주장하였다. 사림 세력들은 거듭 된 희생을 치른 뒤 마침내 중앙 정계를 장악하게 되면서 중앙과 재야가 사림 세력으로 가득 찬 사림의 조선왕조를 열어갔던 것이다.

이황은 사화기 끝 무렵에 출사하여 사림정치를 여는 데 앞장섰다. 그는 사림정치의 핵심은 수기修己를 통한 안민安民에 있다고 생각하여 경전공부와 더불어 마음공부에 힘을 쏟았으며, 안민의 시작은 교육에 있다고 생각하여 이에 열성을 다하였다. 조선말에 이르도록 사림정치를 주도한 조선의 주자학자들은 사농공상士農工商의 신분제적 직업관을 당연한 것으로 받아들여 자신의 사회적 지위와 역할을 士로 정위시킨 뒤 농공상의 민을 가르치고 이끌어야 한다고 생각하였다. 원래 『조선경국대전朝鮮經國大典』에서는 "4품 이상을 대부大夫, 5품 이하를 士"라고 하였는데,[13] 그들은 관직의 유무나 위계와 상관

13) 『朝鮮經國大典』. 卷1. 「吏典」. '京官職條' 와 『世宗實錄』. 卷52. 世宗 13年 5月 '戊辰條' 등 참조.

없이 스스로의 사회적 신분을 사라고 생각하였던 것이다.

임진왜란(1592년)과 병자호란(1636년)을 겪은 뒤 주자학과 주자학적 지배 질서에 회의를 품은 일군의 학자들이 등장하면서 실학을 열어가게 되는데, 그들 역시 스스로를 士로 인식하였으며, 사농공상의 사회적 분업을 당연한 것으로 받아들였다. 하지만 그들은 신분제적 직업관과 이의 세습에 대해서는 서서히 비판적 시각을 갖기 시작하였으며, 특히 당시 士들의 행태에 대해 신랄하게 비판하였다. 이러한 가운데 그들은 士는 과연 누구이며, 어떠해야 하는가를 진지하게 되돌아보게 되었다. 그 결과 주자학에서 주조해낸 士의 모습과는 사뭇 다른 그들이 생각하는 士의 정형을 만들어내었던 것이다.

2. 이황의 '일'로서 공부와 교육

이황은 이른바 '한국 주자학'을 연 대표적 주자학자로서 뿐만 아니라 사림의 사표이자 정신적 지주인 도학자로서 후세에 크나큰 영향을 미쳤다. 그는 30대에 출사하여 노년에 이르도록 진퇴를 수없이 거듭하면서 긴 시간 동안 관직 생활을 하였다. 따라서 그의 사회적 신분은 경·대부의 위치에 있었다고 말할 수 있겠다. 하지만 그의 마음은 늘 고향 예안 땅 낙동강 가에 있어서 틈만 나면 그 곳으로 돌아가고자 하였나. 곧 그는 스스로 士로 생각하고 있었으며, 그가 후대에 미친 영향도 이 점에서 더 크다고 할 수 있겠다.

그렇다면 관직에서 물러난 처사處士로서 이황의 삶은 어떠했는가?

앞서 논자는 '한거閑居' 라는 관점에서 처사로서 이황의 삶을 한차례 살펴본 적이 있다.[14] 이것은 그의 삶 가운데에서도, 오늘날의 표현을 빌자면 일종의 '여가 생활' 이라고 할 수 있을 것이다. 그러면 여가 생활과 대비되는 그의 '일' 은 과연 무엇이었는가? 그것은 크게 공부와 교육이었다고 말할 수 있겠다. 그는 도학자로 자처하였기 때문에 수기修己 · 독서 공부를 철저히 한 것은 당연할 수 있겠지만, 교육에 특히 뜻을 두어 힘을 쏟은 것은 흔치 않은 경우이다. 아마도 그는 교육이야말로 안민安民과 치인治人의 처음이자 끝이라고 생각한 것이 아닌가 하는 생각마저 들게 한다.

먼저 이황의 공부론과 그가 공부한 내용을 살펴보기로 하자. 여기에서 우선적으로 그가 공부한 목적이 과연 무엇인가란 물음을 던질 필요가 있다. 그것은 한 마디로 말한다면, '성인됨' , 곧 도덕적 완성이다. 이것은 그와 같은 주자학자들의 한결같은 목표였다. 일찍이 북송北宋 시기 '새로운(新)' 유학을 주도하였던 유학자들은 이전 유학자들과 달리 스스로 '성인됨' 에 목적을 두었던 것이다. 이에 이 새로운 유학인 주자학은 성인됨을 목적으로 하는 유학이라고 규정하여도 큰 문제가 없을 것이며, 따라서 주자학자들은 공부를 시작함에 있어 스스로 성인되기를 기약하는 '입지立志' 를 무엇보다 중시하였다.[15] 주

14) 홍원식. 2005. 「퇴계의 여가생활, 그의 한거와 마음공부」. 『한국학논집』 32. 계명대학교 한국학연구원 참조.

15) 李珥도 『擊蒙要訣』의 제1장인 「立志章」에서 "처음 배움에는 먼저 모름지기 뜻을 세워야 하나니, 반드시 성인으로서 스스로를 기약하고, 조금이라도 자신을 작게 여기거나 중도에서 물러설 생각을 갖지 말아야 한다"고 말하였다.

자학자들은 이렇게 자신의 도덕적 완성을 바탕으로 백성들뿐만 아니라 군왕까지도 교육의 대상으로 여겼으며,[16] 이를 통해 치국治國 · 평천하平天下의 도덕왕국을 실현하고자 하였다.

주자학자들은 성인됨에 이르기 위해서는 두 가지 공부를 병행해야 함을 말하였다. 그 길로 정이程頤가 격물치지格物致知의 진학進學공부와 거경居敬의 함양涵養공부를 제시하자[17] 주희가 이를 불변의 진리로 받아들여 주자학의 정안定案으로 굳어졌다.[18] 여기에서 격물치지공부란 사사물물 속에 있는 理, 곧 소이연지고所以然之故와 소당연지칙所當然之則을 궁구하는 것이며, 거경함양공부란 경을 통한 마음공부를 가리키는데, 격물치지공부는 사실상 경전 · 독서공부가 주된 내용이다. 결국 주자학에서는 성인이 되기 위해서는 경을 통한 마음공부와 경전에 대한 독서공부를 병행해야 한다고 생각한 것이다. 이를 주희는 다시 『중용中庸』의 용어를 가져와 존덕성尊德性공부와 도문학道問學공부란 말로 표현하기도 했다. 그는 또 이 공부의 병행을 주장하면서 이 두 공부는 "새의 두 날개나 수레의 두 바퀴와 같다"고 하고, 이 두 공부가 각각 知와 行의 공부에 해당하므로 그의 학설을 '지행병진설知行竝進說'이라 부르기도 한다.

이황도 주희처럼 성인됨에 이르기 위해서는 이 두 가지 공부가 있으며 함께 중시해야 함을 다음과 같이 말하였다.

---

16) 李滉이 어린 宣祖에게 지어올린 『聖學十圖』에서 그 좋은 예를 볼 수 있다.

17) 程顥 · 程頤. 『河南程氏遺書』. 卷18. "涵養須用敬, 進學則在致知" 참조.

18) 朱熹. 『朱子語類』. 卷12. 「持守」. "此語最妙"; 『朱文公文集』. 卷75. 「尹和靖言行錄序」. "二言者, 夫子所以敎人造道入德之大端" 등 참조.

> 이 두(궁리와 거경) 가지 공부가 비록 서로 머리가 되고 꼬리가 되기는 하지만 실은 두 가지 다른 공부이니 절대로 둘로 나눠짐을 근심 말고, 오직 반드시 두 가지 공부가 함께 나아갈 수 있도록 해야 한다.[19]

이것이 이황의 이른바 '지행호발병진설知行互發竝進說'이다.[20] 이렇게 이황이 지와 행, 곧 도문학의 경전 · 독서공부와 존덕성의 마음공부를 호발 · 병진한다고 해서 이 둘을 '똑같이 중시(竝重)'했다고 단정하기는 어렵다. 일찍이 명나라 정민정程敏政이 진덕수眞德秀의 『심경心經』에다 부주附註를 달면서 맨 마지막 「존덕성재명장尊德性齋銘章」에 오징吳澄의 설로 끝을 맺은 뒤 존덕성을 중시한 것이 주희의 만년정론晩年定論이라고 정리한 것을 이황이 별다른 문제의식 없이 받아들인 것에 대해 그의 제자인 조목趙穆이 거칠게 비판해오자, 그는 새의 두 날개와 수레의 두 바퀴 비유를 들며 두 공부의 병진을 말하면서도 "주희의 문인이 기술한 행장에서 또한 '만년에 여러 문생들이 글의 뜻에 얽매여 있음을 보고 비로소 본체를 가리켜 보여 주었다고 운운한' 것은 존덕성하여 글의 뜻에 얽매이는 폐단을 구하였다는 것이니, 황돈(정민정)의 말이 아니고 주자의 뜻이 실로 그러하였다"[21]고 답한 것을 볼 때, 그가 두 공부를 단순히 병중했다고 보기는

---

19) 李滉. 『退溪全書』(上). 「答李叔獻-戊午」. "二者雖相首尾, 而實是兩端工夫, 切勿以分段爲憂, 惟必以互進爲法."

20) 李滉은 여러 곳에서 知行의 互發 · 竝進을 말하고 있다. 『退溪文集』. 卷6. 「戊辰六條疏」. "眞知與實踐, 如車兩輪, 闕一不可, 如人兩脚, 相對待互進."; 『退溪文集』. 卷21. 「答李剛而」. "知行二者, 如兩輪兩翼, 互爲先後." 등 참조.

21) 李滉. 『退溪先生文集』. 卷41. 「心經後論」.

어려울 듯하다. 뒷날 기호율곡학파에서 『심경부주』를 논의하면서 존덕성공부 편중의 혐의를 잡고 끈질기게 문제 삼았으며, 또한 그의 후예인 영남퇴계학파에서는 갈수록 존덕성공부를 편중하는 모습을 보인 것도 이와 무관하지는 않을 것이다.[22] 그리고 이러한 존덕성공부를 편중하는 모습은 그의 '심학'과 깊은 관련이 있다.

이황의 경을 통한 존덕성의 마음공부 내용은 정이와 그의 학통을 따라 내려온 설을 종합한 주희의 것과 크게 다를 바 없다. 이러한 경공부는 動과 靜, 지와 행에 두루 미치는 것인데, 그는 마음의 사려분별이 일어나기 이전의 미발시未發時 경공부를 특히 중시하였다. 그가 이렇게 경을 통한 마음공부를 강조한 것은 한마디로 '인욕을 제거하고 천리를 보존(去人欲, 存天理)'하기 위한 것이며, 이것은 곧 언제 어디에서든 내 마음 속 천리인 본성이 막힘없이 '곧바로 발현(直發)'될 수 있도록 하기 위한 것이다. 그리고 그는 옛 성현과 선현들의 명銘이나 잠箴, 찬贊들을 한데 모아 늘 곁에 두고 보면서 마음공부의 교본으로 삼았으며,[23] 도교道敎의 양기養氣 · 양생養生의 서[24]를 베껴 두고 직접 이를 통한 마음공부를 하기도 했다.

한편 이황은 조선의 대표적인 주자학자로서 많은 성리학 관련 저술을 남겼다. 이로써 우리는 그가 도문학의 경전 · 독서공부를 누구보다도 열심히 하였음을 알 수 있다. 그는 특히 『근사록近思錄』과 주희의

22) 홍원식. 2008. 『심경부주와 조선유학』. 예문서원. 24~9쪽 참조.

23) 그의 제자인 寒岡 鄭逑가 『古鏡重磨方』이란 이름을 붙여 1607년(宣祖 35)에 간행하였다.

24) 『活人心方』으로 명 태조의 아들 주권이 편찬하였다.

『사서집주四書集註』, 정민정의 『심경부주』 및 주희의 편지글 등을 중시한 반면 역사나 시문詩文, 잡가류雜家類의 책들은 가급적 멀리 하였다. 이것은 다름 아닌 성인됨에 있어서 그다지 긴요하지 않은 서책이라고 생각했기 때문이다. 이와 더불어 우리가 한번 눈여겨 볼 것은 그의 독서하는 태도이다. 먼저 이황은 독서를 '위기지학爲己之學'과 '위인지학爲人之學'으로 나눠 말하고 있다.

> 위기지학이란 도리를 우리들이 마땅히 알아야 할 것으로 삼고, 덕행을 우리들이 마땅히 해야 할 것으로 삼아 먼 곳보다는 가까운 것에서, 그리고 겉보다는 속부터 공부를 시작하여 마음으로 얻어 실천하기를 기약하는 것이다. 위인지학은 마음으로 얻어 몸으로 실천하기를 힘쓰지 않고 거짓을 꾸미고 바깥을 따라 이름을 구하고 칭찬을 취하는 것이다.[25)]

흔히 공자가 말한 위기지학과 위인지학을 오늘날의 인문과학과 사회과학으로 나눠 이해하는 경우가 많은데, 이황은 여기에서 볼 수 있다시피 도덕실천을 위한 것이냐 아니면 도덕실천은 도외시한 채 헛된 이름을 구하는 것이냐의 차이에 따라 이를 구분하고 있다. 곧 그는 독서와 학문의 대상이 아니라 태도와 목적에 따라 이를 구분한 것이다. 이에 이어 그는 자세히 독서하는 태도와 방법에 대해 말하고 있다. 그는 "옛 사람들이 독서할 때에 정밀하고 완숙한 것을 귀하게 여기었지 빨리 읽어 속히 끝마치는 것을 숭상하지 않았다"[26)]고 말하였으며,

---

25) 李滉. 『言行錄』. 「敎人」(金富倫錄).

26) 李滉. 『退溪先生文集』. 卷35. 「答李宏中」.

"알고 난 뒤에 또 거기에 자세하고 익숙해지는 공부를 더한 다음에서야 비로소 마음에 간직할 수 있으며 또한 흐뭇한 맛도 느낄 수 있을 것"[27]이라고 말하여 빨리 읽어내고자 하는 마음을 버리고 천천히 반복해서 읽음으로써 정밀하고 완숙하게 의미를 파악해야 하고, 그래야만 그 의미가 마음에 간직되고 흐뭇한 느낌이 들게 된다고 하였다. 이것은 우리가 흔히 이해하듯 주자학의 격물치지, 즉물궁리卽物窮理공부가 긴장된 자세로 하루 하루 사물의 이치를 궁구해가는 것과 다소 차이가 느껴진다. 다음의 말에서 더욱 그러한 모습을 확인할 수 있다.

> 오로지 집착하는 것도 아니고 집착하지 않는 것도 아닌 사이에서 잘 관리하여 잊지 말아야 한다. 쌓음이 오래되면 저절로 자세히 이해되어 얻는 것이 있을 것이며, 너무 집착하거나 속박되어 그 빠른 효과를 얻으려 해서는 안 된다.[28]

이러한 독서 태도는 경전을 지은 성현과 선현들에 대한 태도와도 관계가 있다. 이황은 "성현을 높이고 사모해서 존경하기를 마치 신명神明이 머리 위에 있는 듯이 여겨서, 책을 읽을 때에는 반드시 그 이름을 피하여 아무개라고 부르면서 한 번도 범한 적이 없었고", "한 번도 이미 있는 문자를 함부로 지우거나 고치지 않고, 다만 그 줄 위에다 주를 붙이기를 '아무 글자는 마땅히 아무 글자라고 해야 하지 않

27) 李滉.『言行錄』.「讀書」(金誠一錄).

28) 李滉.『增補退溪全書』. 第1冊.「答南時甫別幅」.

을까' "[29]라고만 했다. 그는 직접 자신의 생각을 다음과 같이 밝히고 있다.

> 어찌 성현의 말씀 가운데 나의 의견과 같은 것은 취하고 같지 않은 것은 억지로 같다고 여기거나 배척하여 그르다고 여길 수 있겠는가? 만약 이와 같이 한다면 당세에는 온 세상 사람들로 하여금 나와 시비를 걸어 대항할 수 없게 할 수 있겠지만, 천만세 뒤에 어찌 성현이 나와 나의 흠을 지적하고 나의 숨은 병통을 간파하지 않겠는가?[30]

이황이 성현과 선현들의 설에 대해 이와 같은 태도를 가졌기 때문에 이이李珥가 선유先儒의 설을 지나치게 분석하고 자기 입장에서 시비를 논하며 심지어 산삭刪削을 가하려 하자 심하게 나무라기도 하였던 것이다.[31] 이황과 이이 간 이러한 독서 태도의 차이는 이후 퇴계학파와 율곡학파 간의 중요한 차이로 이어져 율곡학파에서는 독서를 통한 이치의 천착과 의리의 천명에 힘을 쏟은 반면, 퇴계학파에서는 마음공부를 바탕으로 독서하는 것을 중시하였고 마음공부와 독서공부를 연관지어 이해함으로써 때로 독서공부가 마음공부의 일환처럼 이해되기도 하였다.

이상에서 볼 수 있다시피 이황은 스스로 士임을 자처하고서 수기·

---

29) 李滉.『言行錄』.「讀書」(金誠一錄).

30) 李滉.『退溪先生文集』. 卷16.「答奇明彦後論」.

31) 李滉.『退溪先生文集』. 卷14.「答李叔獻」.

독서공부에 매진하였고, 이를 바탕으로 관직에 나아갔을 때는 도로써 임금을 보필하여 도학의 정치를 펴도록 도왔으며, 특히 교육을 강조하여 향리에서는 서당 · 서원 교육을 통해 도학정치를 실현할 수 있는 뜻있는 선비들을 기르는 데 애썼고, 나아가 임금의 스승으로서 역할도 피하지 않았다. 그 이후 영남은 물론 전국적으로 사기가 진작되고 사풍이 쇄신되어 사림정치의 기반이 다져져갔다.

3. 실학자들의 '일'로서 공부

양란 이후 조선의 사회질서가 크게 흐트러져가자 집권 주자학 세력들은 주자학적 예의 철저한 시행을 통해 이를 바로잡고자 하였기 때문에, 신분제적 직업관은 더욱 공고해져 갔다. 그런데 한편에서는 변화된 현실을 직시하고서 집권 주자학자들과는 다른 생각을 제기하는 일군의 학자들이 등장하였다. 그들은 당시 무위도식無爲徒食하는 士들을 향해 신랄한 비판을 퍼부으면서 과연 士는 누구인가를 진지하게 묻는 가운데 신분제적 직업관에 대해 비판적 견해를 제기하기 시작하였다.

먼저 성호星湖 이익李瀷(1681~1763)은 다음과 같이 '사농합일론士農合一論'을 제기하였다.

> 사군자士君子는 마땅히 농사를 지어 생계를 꾸려야 하며, 장사는 비록 말리末利를 좇는 것이기는 하지만, 의리義理를 잃지 않는다면 또한

안 될 것은 없다.[32)]

이익은 무위도식하거나 뚜렷한 생계 대책 없이 가난에 쪼들리고 있는 士들이 즐비한 현실을 바라보고서 농업뿐만 아니라 상업에도 종사할 것을 주장하고 있다. 이러한 주장은 당시 고착된 신분제적 직업관을 뒤흔드는 것이라고 평가하기에 충분하다.

담헌湛軒 홍대용洪大容(1731~1783)은 당시 양반 사족들이 명분을 중시하여 아무리 어렵고 굶주려도 팔짱만 끼고 앉은 채 농사일을 하지 않는 현실을 개탄하면서[33)] 다음과 같이 주장하였다.

> 사 · 농 · 공 · 상에 관계없이 놀고먹는 자에 대해서는 관에서 벌칙을 내려 세상에서 받아들여질 수 없도록 해야 한다. 재능과 학식이 있으면 비록 농사꾼이나 장사치의 자식이 낭묘廊廟에 들어가 앉더라도 참람스러울 것이 없고, 재능과 학식이 없다면 비록 공경의 자식이 하인의 일을 할지라도 한탄할 것이 없다.[34)]

> 무릇 사람들은 인품에 높낮음이 있고 재능에 장단점이 있다. 그의 인품의 높낮음에 따르며, 단점을 버리고 장점을 취해 쓴다면 세상에 전적으로 버려야 할 재능은 없다.[35)]

---

32) 李瀷. 『星湖僿說』. 卷12. 「六蠹」.

33) 洪大容. 『湛軒書』. 內集. 卷4. 補遺. 「林下經綸」 참조.

34) 洪大容. 『湛軒書』. 內集. 卷4. 補遺. 「林下經綸」.

35) 洪大容. 『湛軒書』. 內集. 卷4. 補遺. 「林下經綸」.

홍대용은 여기에서 무능하고 게으른 사람들에 대한 비판을 하면서, 사 · 농 · 공 · 상의 직업은 개인의 재능과 학식에 따라 정해져야 하는 것이지 세습적 신분에 따라 정해져서는 안 된다고 주장하고 있다. 이렇게 볼 때 그가 신분제적 직업관을 완전히 버린 것은 아니라고 할 수 있겠다. 그러나 신분제적 직업의 세습을 부정하고 나면 결과적으로 신분제는 무너지게 될 것이다.

연암燕巖 박지원朴趾源(1737~1805)의 생각도 홍대용과 크게 다르지 않다. 그는 『양반전』에서 양반의 특권적 신분을 비판하는 가운데 士에 대해 다음과 같이 말하고 있다.

> 하늘이 백성을 낳으시매, 그 백성은 넷이니 네 백성(四民) 가운데 가장 귀한 것이 士로, 양반이라 일컬으며, 이로움이 막대하다. 농사를 짓지 않고 장사도 하지 않고서 문장과 역사서만 대충 섭렵하면 크게는 문과에 합격하고 작게는 진사가 된다.[36)]

박지원은 사민제도가 하늘이 낳은 것이라 하여 그 자체를 문제 삼고 있지 않으며, 사민 가운데 士의 특권적 지위 역시 하늘이 부여한 것이라고 보고 있어서 신분제적 직업관을 그대로 가지고 있다고 볼 수 있다. 하지만 그가 신분적 세습을 바탕으로 사민제도를 받아들이는 것은 물론 아니다.

다산茶山 정약용丁若鏞도 당시 벼슬도 하지 못하고 농사도 짓지 않으면서 글을 읽든 읽지 않든 너나할 것이 모두 士라고 여기면서 농사

---

36) 朴趾源, 『燕巖集』, 卷8, 傳, 「兩班傳」.

일은 천히 여긴 채 굶주리는 현상을 비판한 뒤, "옛날에 조정에서 벼슬한 자는 밭이랑 사이에서 출신出身하지 않은 자가 없다"면서 요堯임금 때의 백규百揆, 순舜임금 때의 후직后稷, 상商나라 대의 보형保衡 등을 열거하고 있다.[37] 정약용의 이러한 생각은 이익의 '사농합일론'을 잇는 것이라고 볼 수 있겠다. 하지만 이익은 주로 무위도식하거나 뚜렷한 생계 대책 없이 지내는 士들을 위해 농업에 종사하도록 정책적 제안을 한 것이라면, 정약용은 원래 사 · 농의 신분적 · 직업적 구분이 없었음을 주장한 것이다.

이상에서 우리는 실학자들이 한결같이 무식도식하면서 아무런 노동도 하지 않는 士를 비판하고 있음을 보았으며, 이를 가능하게 해준 사 · 농 · 공 · 상의 신분제적 직업관에 대해서도 신분의 세습을 반대하고 개인의 재능과 학식에 따를 것을 주장함으로써 부분적으로 비판을 제기하고 있음을 보았다. 결국 실학자들은 사 · 농 · 공 · 상의 사민제四民制를 비록 사의 우월적 지위는 인정하지만 기본적으로 신분제적 관점보다는 '사회 분업적' 관점에서 받아들였다고 볼 수 있다. 이것은 바로 맹자의 관점을 이은 것이라 할 수 있겠다.

실학자들은 이제 그렇다면 士는 누구인지, 그리고 士는 어떠해야 하는지를 보다 진지하고 직접적으로 묻기 시작한다. 이러한 물음의 바탕에는 자신들은 사이며, 사로서 사회적 책임감을 가져야 한다는 생각이 짙게 깔려 있다. 이에 대해서는 특히 박지원이 상세하게 논의하고 있는데, 우선 그는 士를 독서하는 사람이라고 말한 뒤 대부와 군

---

37) 丁若鏞.『與猶堂全書』. 第1集. 卷9. 詩文集. 文.「應旨論農政疏」참조.

자, 서반과 동반의 양반과 연결지어 설명하고 있다.[38] 이어 그는 「원사原士」란 글에서 본격적으로 士에 대해 논의하고 있다.

> 무릇 士는 아래로는 농사꾼이나 물건을 만드는 쟁이들과 어울릴 수 있고, 위로는 왕이나 공들과 벗할 수 있는 처지에 있어 지위로 말하면 등급이 없고, 德으로 말하면 좋은 일을 해야 할 위치이다. 한명의 士가 제대로 책을 읽으면 그 혜택은 온 세상에 두루 미치고, 그 공적은 만세에 드리운다. 『역경易經』에서 "용이 밭에 나타나니, 온 천하가 문명하게 된다"고 한 것이 바로 책 읽는 士를 일컫는 것이로다![39]

박지원은 먼저 士는 덕을 닦아 좋은 일을 해야 하는 존재로 일반 백성과 왕 · 공들 사이에 있으면서 위아래로 다 관계를 맺고 있기 때문에 士의 역할은 막중함을 말하고 있다. 그리고 그는 위에서 '지위로 말하면 등급이 없다' 고 하였는데, 다음의 글에서 그 의미가 더욱 분명해진다.

> 천자는 '으뜸가는 사(原士)' 이다. 으뜸가는 士는 만 백성을 낳는 근본이다. 그의 관작官爵은 천자이지만, 그의 신분은 士이다. 그러므로 관작에는 높고 낮음이 있지만 신분에는 변화가 없으며, 작위爵位에는 귀하고 천함이 있지만 士라는 신분은 바뀌지 않는다.[40]

---

38) 朴趾源. 『燕巖集』. 卷8. 傳. 「兩班傳」. "維厥兩班, 名謂多端. 讀書曰士, 從政爲大夫, 有德爲君子, 武階列西, 文秩敍東, 是爲兩班" 참조.

39) 朴趾源. 『燕巖集』. 卷10. 雜著. 「原士」. "夫士下列農工, 上友王公, 以位則無等也, 以德則雅事也. 一士讀書, 澤及四海, 功垂萬世. 易曰, '見龍在田, 天下文明', 其謂讀書之士乎!"

40) 朴趾源. 『燕巖集』. 卷10. 雜著. 「原士」. "天子者, 原士也. 原士者, 生人之本也. 其爵則天子也, 其身則士也. 故爵有高下, 身非變化也, 位有貴賤, 士非轉徙也."

여기에서 볼 수 있듯 박지원은 천자도 으뜸가는 士일 뿐 그의 신분은 어디까지나 士라고 하여 士의 지위와 역할을 더없이 높이고 있다. 이렇듯 사의 사회적 지위와 역할이 높고 막중함에도 불구하고 놀고먹을 뿐 공부를 하지 않으며, 기껏 공부해도 성리설만 고담준론할 뿐 민생과 관계된 것에는 아예 관심조차 두지 않는다고 그는 개탄하였다.[41] 그는 士의 고유한 사회적 지위와 역할이 있다고 생각하였기 때문에 모든 士가 직접 농사짓고 장사해야 한다고 말하지는 않았다. 士의 고유한 역할은 책을 읽는 것이며, 책을 읽되 민생과 관계된 것도 빠뜨리지 말아야 된다고 생각했던 것이다. 이에 그는 士가 무엇을 공부해야 할지에 대해 자세히 말하고 있다.

> 士가 하는 학문은 실질적으로 농업과 공업, 상업의 이치를 두루 겸하는 것이어서 이 세 직업은 모두 반드시 士(의 학문)를 기다린 뒤에서야 이루어지는 것입니다. 무릇 이른바 농사짓는 방법을 밝히고 제대로 상품을 유통하며 물건을 잘 만드는 데 있어서, 그 방법을 밝히고 제대로 유통하며 잘 만들게 하는 것을 士가 아니고서야 누가 할 수 있겠습니까? 그러므로 제가 생각하옵건대 오늘날 농사꾼과 상인, 공인들이 일자리를 잃게 된 것은 곧 士가 실학을 하지 않은 잘못 때문입니다.[42]

박지원은 모름지기 士가 농업과 상 · 공업에 대한 이치를 탐구하여,

41) 朴趾源.『燕巖集』. 卷16. 雜著.「課農小抄」. “士或高談性命, 而遺於經濟” 참조.

42) 朴趾源.『燕巖集』. 卷16. 雜著.「課農小抄」. “士之學, 實兼包農工賈之理, 而三者之業必皆待士而後成. 夫所謂明農也通商而惠工也, 其所以明之通之惠之者, 非士而誰也? 故臣竊以爲, 後世農工賈之失業, 卽士無實學之過也.”

농사꾼으로 하여금 농사짓는 방법을 가르쳐주고 상인으로 하여금 제대로 상품을 유통하게 하며 공인으로 하여금 물건을 잘 만들 수 있게 해야 한다고 주장하였다. 아울러 그는 士의 이러한 학문을 바로 '실학'이라고 불렀으며, 당시 士들이 이 실학을 하지 않았기 때문에 일반 백성들이 일자리를 잃게 되었다고 말하였다. 그가 앞에서 "한명의 士가 제대로 책을 읽으면 그 혜택은 온 세상에 두루 미치고, 그 공적은 만세에 드리운다"고 한 것도 바로 이러한 문맥에서 말한 것임에 틀림없다.

정약용도 하는 일 없이 유식遊食하는 士들을 하루 빨리 농사를 짓게 할 것을 주장하면서, 士가 농업에 종사하면 땅에서 나오는 이익도 많아질 것이요, 풍속도 순후해질 것이며, 질서를 어지럽히는 백성도 없어질 것이라고 말하였다. 이어 그는 다음과 같이 말하였다.

> 실제의 이치를 강구하여 그 땅에 알맞은 것을 가려내고, 수리사업을 일으키며 기구를 만들어서 인력을 줄이고, 심지어 작물을 가꾸고 가축 기르는 것을 가르치며 농사일을 돕는 士도 있을 것이다. 이와 같이 하는 士는 그 공이 팔 힘을 뽐내며 일하는 자와 어찌 견줄 수 있겠는가? 하루 일한 것을 열흘 치로 기록하고, 열흘 일한 것을 백일 치로 기록하여 곡식을 나눠주어도 좋을 것이니, 士에게 어찌 나눠줌이 없으리오?[43)]

정약용도 박지원과 마찬가지로 士가 농사일에 관심을 가져 연구하게 되면 생산량이 크게 증대하여 마땅히 분배받을 권리를 갖게 된다

---

43) 丁若鏞, 『與猶堂全書』, 第1集, 卷11, 詩文集, 論, 「田論」5.

고 하였다. 곧 사는 비록 직접적으로 생산노동에 참여하지는 않을지라도 실업實業에 관심을 가져 연구하게 되면 단순히 얻어먹는 것이 아니라 정당한 분배의 몫을 가지게 된다는 것이다. 이를 좀 더 적극적으로 해석한다면, 그렇지 않는 사에게 분배가 되는 것은 정당하지 않은 것으로 보았다고 할 수 있겠다. 여기에 실학자들의 생각이 짙게 베어 있음을 알 수 있다.

이상에서 우리는 실학자들이 스스로 士임을 자임하면서 먼저 士의 역할이 더없이 막중함을 강조한 뒤 독서인으로서 士는 모름지기 농업 등의 실업에 관심을 가져 깊이 연구해 생산량을 증대시킴으로써 분배의 정당성을 가지게 된다고 생각하였음을 볼 수 있었다.

4. 맺는 글

선진 시기 공자와 맹자가 스스로 士로 자처하고 자신들의 역할을 강조한 이후 그 전통은 뒷날 유학자들에게 이어져왔으며, 조선에 와서는 그것이 더욱 꽃피어 사림들에 의한 이른바 도학정치가 실현되었다. 공 · 맹이래 사로서 유학자들은 평소 수기 · 위기의 공부를 통해 드넓은 기상을 가지고 학식까지 겸비하였다가 관직에 나아갈 기회를 맞으면 위로 임금을 잘 보필하고 아래로는 백성들을 잘 다스리며, 나라가 위급할 때는 솔선하여 살신성인殺身成仁, 멸사봉공滅私奉公하는 것을 이상으로 삼았다. 우리는 이러한 것을 흔히 '선비정신'이라고 부르고 있다.

이러한 士는 위로는 임금과 공 · 경 · 대부가 있고 아래로는 백성들이 있어 그 중간의 위치에 있는 신분이지만, 그 역할과 책임은 막중하다고 생각하였다. 이러한 생각은 조선의 주자학자나 실학자가 매 마찬가지였다. 사와 민이 나누어짐이 있고, 사가 민의 윗자리에 있음은 당연하다고 그들은 똑 같이 생각하였다. 다만 실학자들로 오면서 그것이 '사회 신분적' 보다 '사회 분업적' 입장에서 서서히 인식되기 시작하였다.

이러한 '사회 분업적' 입장은 맹자에게서 분명하게 제기되었는데, 문제는 士의 구체적인 사회적 역할이라고 할 수 있다. 이황을 위시한 조선의 주자학자들은 수기를 통한 도덕국가의 건설을 자신의 임무이자 사회적 역할이라고 생각하였다. 따라서 존덕성의 마음공부와 도문학의 경전 · 독서공부를 통한 도덕적 수양을 무엇보다 중시하였으며, 특히 이황과 그의 후예들은 경을 통한 존덕성의 마음공부를 더욱 중시하였던 것이다. 그리고 이황은 사회적 실천으로 교육을 특히 중시하여 서원 교육을 통해 도덕적 인간을 만드는 데 힘을 쏟았으며, 군왕에 대한 도덕적 교육도 중요하게 생각하였다.

반면 실학자들은 士로서 자신들의 역할을 수기를 통한 치인보다는 생산력 증대에 직접적으로 보탬을 줌으로써 안민安民하는 데 있다고 생각하였다. 이러한 생각의 바탕에는 도덕국가보다 부강한 국가에 대한 염원이 있으며, 따라서 그들이 중시한 공부도 존덕성 · 도문학의 도덕실천공부가 아니라 농 · 상 · 공업 등 실사實事에서 실리實理를 탐구하는 것이었다. 이러한 작업은 일종의 지식인인 자신들만이 할 수 있는 것이며, 이를 통해 사회에 실제적 이익을 가져다줌으로써 무위도식하지 않고 사회적으로 제대로 된 역할을 하는 것이라고 생각하였다.

위에서 볼 때, 주자학에서든 실학에서든 士는 독특한 사회적 지위와 역할을 가지고 있는데, 이것은 동아시아 유교사회의 독특한 현상으로 士의 지위와 역할은 오늘날 학자 · 지식인 그룹에 비견될 수 있겠다. 오늘날 학자 · 지식인들도 연구와 교육 노동자로서 '일'과 '놀이', '노동'과 '여가'의 상충 속에서 노동은 노동대로 여가는 여가대로 따로 놀며 노동은 질곡으로 인식되고 여가는 그 방향을 찾지 못하고 있다. 조선시대 유학자들의 삶속에서는 일과 놀이가 뚜렷하게 구분되어 있지 않은 채 서로 깊게 관련되어 있고 일 가운데 즐거움이 늘 함께 있었음은 오늘날 우리들에게 하나의 귀감이 될 수 있겠다. 그리고 그들이 이러할 수 있었던 데에는 사회적 지위만이 아니라 사회적 역할, 곧 士로서 역할과 책임이 막중함을 스스로 인식하고 책임지운데 있다는 생각도 든다. 이점은 오늘날 우리 학자 · 지식인들로 하여금 깊은 성찰로 자신을 되돌아보게 한다.

참고문헌

『論語』

『孟子』

『荀子』

程顥 · 程頤.『河南程氏遺書』

朱熹.『朱子語類』

____.『朱文公文集』

『朝鮮經國大典』

『世宗實錄』

李滉.『退溪全書』

____.『增補退溪全書』

____.『退溪先生文集』

____.『言行錄』

李珥.『擊蒙要訣』

李瀷.『星湖僿說』

洪大容.『湛軒書』

朴趾源.『燕巖集』

丁若鏞.『與猶堂全書』

홍원식. 2005.「퇴계의 여가생활, 그의 한거와 마음공부」.『한국학논집』32. 계명대학교 한국학연구원.

_____. 2008.『심경부주와 조선유학』. 예문서원.

공자의 경제사상과 노동관

이영찬 (계명대학교)

공자의 경제사상과 노동관

이 영 찬 (계명대학교)

2007년 미국 서브프라임 모기지 사태에서 비롯된 금융위기로 세계는 1930년대의 대공황 이래 가장 심각한 경제위기를 맞았다. 경제학자를 비롯하여 사회과학자들이 이 위기를 다각적으로 조망했고, 이 위기가 단순히 미국 발 일시적, 우연적인 금융위기의 결과라기보다는 그간의 세계 자본주의 경제체제의 모순이 압축되어 나타난 현상이라는데 거의 이견이 없었다. 이 시점에서 자본주의와 자유주의 경제체제에 대한 근본적인 반성의 기회를 가질 필요가 있다고 본다. 우리는 반성의 실마리를 자유주의 경제학의 출발점으로 되돌아가 그 이론적 전제들에 주목하고자 한다.

아담 스미스는 국부론에서 "공익을 추구하려는 의도도 없고 자신이 공익에 얼마나 이바지하는지조차 모르는 이, 오직 자신의 이익만을 도모하는 이는 그 과정에서 보이지 않는 손에 이끌러 의도하지 않았던 부수적 결실도 얻게 된다."[1]라고 했다. 여기서 말하는 의도하지 않았던 부수적 결실은 개인들이 오로지 사적인 이익만을 추구하는데도 불구하고 사회전체가 서로 화합하고 돕는 결과를 가져오게 되는 것을 말한다. 사적인 이익의 추구가 홉스의 '만인의 만인에 대한 전쟁'의 상태가 아니라 오히려 사회의 발전과 조화를 초래하는 것은 인간은 항상 '공명정대한 관찰자(impartial spectator)'를 갖고 있기 때문이라고 했다. 공명정대한 관찰자는 사회적 규범이 내면화된 '양심'이며 프로이드의 '수퍼 에고'에 해당한다 하겠다. 아담 스미스의 경제행위는 윤리적 행위를 전재로 하였고, 그래서 그의 고전 경제학은 윤리학을 모태로 하여 탄생하였다.

한편 케네의 중농주의는 계몽사상을 이어받아 자연 법칙의 기초 위에 경제학을 정립시켰다. 그러나 계몽주의자들이 자연의 법칙을 통해 자연을 지배하려는 의도와는 달리 중농주의자들은 자연의 법칙을 알아 자연의 질서에 순응하고자 하였다. 인간에 의한 인위적 질서는 신이 창조한 자연적 질서에 순응해야 가장 인간에 유익한 질서가 된다고 주장했다.[2] 이렇게 볼 때 근대 자유주의 경제학은 처음부터 윤리적 도덕성과 자연의 질서를 토대로 성립하였다. 오늘날의 자유주의 시장경제체제의 위기는 이 두 토대를 상실한 데서 보다 근본적인 원인을 찾을 수 있지 않을까? 그렇다면 해법의 실마리도 결국 경제의 도덕성과 자연적 질서의 회복에서 찾을 수 있을지 모른다.

공자의 경제사상은 경제행위에 있어 도덕성과 자연적 질서를 강조

---

1) 토드 부크홀츠 지음. 2001. 이승환 옮김. 『죽은 경제학자의 살아있는 아이디어』. 김영사. 47쪽에서 재인용.

2) 중농주의를 일컫는 'physiocracy'란 말은 '자연(physios)에 의한 통치(kratesis)'란 뜻이기도 하다.

한다는 점에서 이 시점에서 주목할 만하다. 세계경제의 위기의 원인에 대해 "인간의 탐욕 때문이다" "탐욕은 인류역사의 발전원동력이기에 탐욕이 문제가 아니라 탐욕을 제어하지 못한 시스템의 문제다"라는 지적들이 나오고 있다. 공자의 경제사상은 '도덕 목적론적 경제론(moral teleology of economics)'[3]이라 부를 만큼 경제는 도덕과 분리되지 않으며 경제제도는 자연(본성)의 질서에 따를 것을 강조하였다. 공자의 경제사상은 초기 자유주의자들이 주장한 자유방임적 시장과 부르주아 계급이 주도하는 자유주의 경제사상과는 그 출발점이 다르고 지향점도 다를 수밖에 없지만 동서고금을 막론하고 인간의 본성과 자연의 법칙은 경제활동의 보편적 원리였다. 유교에서 자연의 질서가 천도라면 인간의 본성은 인도가 된다. 공자의 경제학은 경제의 천도와 인도를 실천하고자 했다. 우리는 그의 경제사상과 노동관이 갖는 천도와 인도를 통하여 현대 자본주의 경제의 문제점을 반성하고 해결의 지혜를 찾아보고자 한다. 공자의 경제사상을 이해하기 위해 우선 당시의 시대적 상황과 공자의 계급적 상황에 대해 먼저 살펴볼 필요가 있다.

1. 춘추시대의 사회질서

춘추시대는 사회구조의 급속한 변화가 이루어지던 사회였다.[4] 이

3) 사중명. 1998.『유학과 현대세계』. 서광사. 315쪽.

시기는 冶鐵 기술이 발달했고 이를 농기구 제조에 사용하는 등 철기 시대를 열었다. 제철 기술은 西周 시기에 시작되었고, 춘추시기에 이르러 철기제조와 사용이 점차 보편화되었다는 것이 유적 발굴에 따른 일반적인 결론이다. 철기는 생산과 생활의 여러 영역에서 이용되었고, 농기구, 수공업 공구, 병기구, 제례 용품 등을 제조하여 사용되었다. 철기의 사용은 농사에 큰 변화를 초래했다. 농부들은 산림을 개간하고 넓은 농지를 경작할 수 있을 뿐만 아니라 심경을 할 수 있어 농사의 생산력을 크게 증대시켰다. 특히 철제 농기구의 출현으로 이전에 기껏 제사의 희생이나 운송 수단으로 이용하던 소를 쟁기로 밭을 가는데 인력을 대신할 수 있었다.

춘추시대에는 수공업도 획기적으로 발전하였다. 근래 발견된 금속 체굴 유적지의 규모로 미루어 보면 공업의 규모와 발달 정도를 짐작케 한다. 채굴 깊이가 40여 미터에 이르고 동기를 주조하는 주형이 30,000여 개가 발견되었는데 이로 미루어 주형과 철기 제조의 규모가 매우 크다는 것을 짐작할 수 있다. 상업도 크게 성행하여 각 제후국에는 城市가 발달했다. 齊나라 수도 臨淄는 춘추시대에 이미 兵車 800乘을 낼 수 있는 약 4, 5만의 인구를 가졌다. 상업의 발달과 더불어 화폐가 유통하게 되었다. 황금이 상품 교역의 통용화폐가 사용되었지만, 이어 금속 銅鑄幣가 전국의 남북에 걸쳐 광범위하게 사용되었다. 周, 鄭, 晋, 衛 나라는 布幣을 사용하였고, 동쪽의 제나라는 刀幣,

4) 이하 춘추시대의 사회구조적 변화에 대해, 巫宝三. 1996.『先秦經濟思想史』. 中國社會科學出版社. 151쪽 이하 참조.

초나라는 蟻鼻錢(銅貝)을 사용하는 등 화폐경제가 춘추시대에 발전하기 시작했다. 이렇듯 생산력의 획기적인 발전은 춘추시대의 급격한 사회변동의 물질적 토대가 되었다.

1) 정치적 상황

기원전 11세기 경 周의 武王은 商의 紂王을 방벌하고 천하를 통일하였다. 주 왕조는 가부장적 혈연관계에 근거한 종법 봉건제를 통하여 국가를 다스렸다. 무왕은 15명의 형제와 그의 씨족인 姬씨 40명을 제후로 봉했다. 71개의 제후국 중 55개국이 무왕의 인척에 의해 통치되었다. 周王은 嫡長子를 태자로 삼아 왕위를 계승하게 하고, 태자의 동생들은 제후로 봉하였다. 제후도 적장자에 의해 계승되었고 나머지 아들은 卿·大夫가 되었다. 대부는 봉토가 없었으며 귀족의 신분을 가질 뿐이다. 주 왕조와 제후국의 장손 즉 군위를 세습하는 권리를 가진 적장자를 大宗이라 하고 차남 이하를 小宗이라 하여 엄격히 지위를 차별하였다.

周 왕이 직접 관할하는 王畿 밖의 봉토는 영지의 크기에 따라 대 영지는 國, 소 영지는 采 혹은 家라고 불렀다. 소 영지는 천자로부터 직접 수여되기도 했지만 국의 제후가 대부분 종법에 따라 자신의 봉토 안에서 수여하였다. 봉토는 크기에 따라 하나 혹은 여러 읍으로 이루어졌다. 國의 봉토 소유자인 제후는 公 혹은 侯의 등급을 차지하였으며, 이들은 직접적으로 천자에 속해 있었다. 채나 가의 소유자는 卿이나 大夫 등의 관직으로 불렸고, 이들은 제후에 의해 봉토를 수여받

거나 아니면 천자로부터 직접 그의 왕토에 봉해졌다. 고위관리들은 그의 봉토의 일부인 읍에 관리자인 邑宰를 두었는데 읍재는 아무런 땅도 부여받지 못했다.[5]

서주 시대에 봉건군주국의 제후는 동시에 주 왕실의 관직을 겸하기도 하였다. 예를 들어 周初 衛 康叔을 주 司寇로 삼았고, 周末 鄭 桓公을 주 司徒로 삼았다. 천자는 또한 제후의 내정을 간섭할 권한이 있으며 몇 제후국의 관리는 천자로부터 임명되었다. 천자는 제후에 대한 징벌과 경질도 할 수 있었다. 주 夷王은 齊의 哀公을 죽이고 동생 靜을 세웠고, 주 宣王은 파병하여 魯를 정벌하여 伯御를 살해하고 동생 孝公을 세운 기록도 있다.[6] 이처럼 서주 시대는 가부장적 종법제의 질서에 근거한 봉건제가 지배하면서 정치적으로 비교적 안정적인 시기였다.

봉건적 정치질서는 주 平王이 鎬京을 버리고 洛邑으로 천도한 즈음(770 B.C.)에 크게 쇠퇴하였다. 이 시기는 주 왕실이 천하를 장악하지 못하고 '예악정벌이 제후로부터 나오고' 왕권이 경기 이외는 미치지 못하였다. 각지의 제후들이 봉기함으로써 전국이 분열 할거하는 상황에 처해진다. 각 국의 爭霸의 상황 속에 많게는 120여개의 나라로 분열되었다.[7] 주 왕실의 畿土와 백성은 크게 축소되었으며 봉건종속관계로 형성된 봉건국과의 유대는 이완되었다. 중원의 각 제후국은

---

5) 송영배. 1987.『중국사회사상사』. 한길사. 21~2쪽.

6) 翦伯贊. 1990. 이진복 · 김진옥 옮김.『中國全史 上』. 학민사. 54쪽.

7) 이종길. 2006.「中國社會의 土地所有關係에 대한 法制史的 一 檢討 – 秦 · 漢 및 隋 · 唐代를 중심으로」.『토지법학』22. 206쪽.

천자에 대한 정기적인 朝覲述職과 공납을 이행하지 않았다. 주는 실제상 하나의 소국으로 전락했고, 오히려 강대한 제후에 의존해야 했다. 주의 천자는 천하 共主의 지위를 잃었다. 그러나 춘추시대까지는 제후들이 명분상으로는 주 왕실을 인정하고 있었기 때문에 강한 覇主에 의탁하여 상징적인 지위나마 유지할 수 있었다.

봉건적 정치질서는 제후국 내부에서도 붕괴되고 있었다. 춘추시대 초기에는 주의 종법봉건제가 제후국 내에서 어느 정도 실시되고 있었으나 끊임없는 패권전쟁으로 강력한 중앙집권적 정치권력이 요구되어 봉건제는 제후국 내부적으로도 붕괴되기 시작했다. 제후국 내부에도 내분이 발생하여 춘추 중 · 말기에 이르러 각국의 氏室은 더욱 더 강하여져 公室의 정권은 씨실에 의하여 조종되고, 어떤 나라의 공실은 점차 몰락하여 가고 있었다. 또 씨실과 씨실 사이에서 겸병이 심해져 항상 전쟁이 있었다. 춘추 242년 가운데 "군주 시해가 36번, 망한 나라가 72개국, 제후가 도망가 사직을 보전하지 못한 자가 헤아릴 수 없었다."[8] 국내의 簒奪과 弑害, 兼併은 국제 정세의 약육강식적 전쟁과 더불어 점차 봉건제의 붕괴와 중앙집권적 군주제의 시대를 예비하고 있었다.

공자가 태어난 노나라는 주공의 아들 백금에게 부여된 봉토였다. 노나라는 주례를 입증할 문헌이 충분했고 그래서 공자는 "주는 이전의 두 왕조를 조망하여 거울삼았으니, 그 문화가 찬란하다! 그래서 주를 추종한다."[9]라고 했다. 오직 주를 추종했기 때문에 공자는 문왕과

8) 사마천. 2002. 김원중 옮김. 「태사공 자서」. 『사기열전』. 을유문화사. 674~5쪽.

주공의 업적을 영속화하는 일을 일생의 사명으로 삼았고, 그래서 광 땅에서 위협을 당했을 때 "문왕이 이미 별세하셨으니, 文이 이 몸에 있지 않겠는가? 하늘이 장차 이 文을 없애려 하셨다면 뒤에 죽는 사람(내자신)이 이 문에 참여하지 못하였을 것이다. 그러나 하늘이 이 문을 없애려 하지 않으셨으니, 匡 땅 사람들이 나를 어떻게 하겠는가?"[10] 라고 했다. 그는 마음속에 품은 생각을 "만일 누가 나를 임용해준다면, 나는 東周를 건설할 것이다."라고 밝히기도 했다. 그래서 공자 사상은 춘추시대의 이러한 혼란하고 무도한 사회의 질서를 바로 세우겠다는 문제의식을 담고 있으며 이는 주나라의 문화를 재창조함으로써 가능하다고 믿었다. 공자의 경제사상과 이에 따른 노동관도 공자의 이러한 문제의식과 지향성의 맥락에서 형성되었다고 볼 수 있다.

2) 경제제도

종법적 정치질서가 근본적으로 흔들리면서 경제제도에도 많은 변화가 초래되었다. 춘추시기의 田制制度는 기본적으로 서주를 답습하였는데 井田制를 원칙으로 하였다. 정전제는 공전과 사전으로 이루어졌다. 백성들은 사전을 경작하여 생계를 잇고 공전을 공동으로 경작하여 세금으로 낸다. 사전이라 하지만 사유지는 아니었다. '토지는 팔

---

9) 『논어』. 「팔일」 14장: 子曰 周監於二代 郁郁乎文哉 吾從周.

10) 『논어』. 「자한」 5장: 子畏於匡, 曰, "文王旣沒, 文不在玆乎? 天之將喪斯文也, 後死者不得與於斯文也, 天之未喪斯文也, 匡人其如予何?"

지 못하며'[11] 경작자는 토지에 복속되어 토지와 함께 양도된다. 그래서 백성은 농노로서 예속되어 있으며 토지를 수여받았다고 해서 사유가 아니며 경작의 권리만을 향유하고 있다고 볼 수 있다. 토지는 '왕토가 아닌 것이 없고, 땅 끝까지 왕의 신하가 아닌 자가 없다.'[12]

그러나 정전제는 私田의 증가로 인해 소멸되어 갔다. 인구의 증가와 전쟁을 통한 토지의 겸병이 늘어나면서 잉여 노동력이 크게 증가하였다. 사전은 귀족들이 이들 잉여 노동력을 이용하여 유휴지를 개간함으로써 늘릴 수 있었다. 左傳에 "대나무로 짜서 만든 수레를 타고 쪽빛 옷을 입고서 풀 속에 살면서 산림을 개척한다."[13]라고 했다. 정전 이외에도 개척 가능한 무한한 산림과 저습지가 있었다. 귀족은 물론 농민들이 개척한 토지는 자기의 개인 소유이며 매매하거나 배상에 쓰는 것도 순전히 자기의 자유였다. 이미 공가에서 받은 것이 아닌 한 당연히 납세의 의무도 없었다. 정전제는 사전의 증가와 더불어 내부적으로도 유명무실하게 되어 갔다. 귀족과 지주들의 몰락과 정국의 혼란으로 공전에 대한 감독이 약화되었고 점차 농민들은 공전이나 제후의 직영지에서보다도 자신의 배당지에서 더 집중적으로 노동하려고 했고 그럼으로써 스스로를 위해 더 많은 수익을 얻으려 했다. 시경에서 그 상황을 이렇게 읊었다. "보전을 갈지 마라 강아지풀 우거지리"[14] 보전은 공전이며, 공전에 잡초가 무성한 것은 백성들의 태업으

11) 『예기』. 「왕제」: 田里不鬻.

12) 『시경』. 「소아 · 북산」: 率土之濱 莫非王臣.

13) 『좌전』. 「소공 12년」: 篳路藍蔞 以處草芥 跋涉山林.

로 공전이 황폐해지는 현상을 표현한 것이라 하겠다.

춘추시기에 오면 토지 점유 제도에 큰 변화가 왔다. 서주 이래로 형성된 가족공동체를 기초로 한 助耕制의 귀족영주가 주로 점유하던 토지제도는 와해되었다. 농촌공동체는 해체되고 점차 개체 가족경제가 성립되었고 실물 地租가 노역 지조를 대체했다. 그리하여 여전히 왕토사상은 원칙적으로 남아있었지만 토지의 사유화가 강화되었다. 사유화를 통하여 많은 구 귀족영주는 쇠퇴하고 춘추 말기에 이르러 晋나라의 越, 魏, 韓씨, 齊나라의 田씨 등과 같은 私家가 흥기했다.[15)]

사전의 증가와 정전제의 약화에 따라 귀족들은 이제까지 지배적이었던 노동지대인 助의 조세제도 대신 현물지대인 貢法으로 대체하기 시작했다. 기원전 8세기경에는 주의 宣王(827~782BC)이 공동경작지제도와 노동지대제를 폐지하고 徹法이란 조세제도를 널리 도입했다. 이 제도에 따르면 농민들은 배당지의 크기에 상관없이 한 해 동안 경작한 수익의 10분의 1의 세를 내도록 했다. 제 환공 때 '相地而衰征'을 실행하였는데, 즉 사전을 등급에 따라 징세한 것이다. 魯나라에서는 기원전 594년에 처음으로 1묘 단위로 세금을 부과하였다. 이 시기를 전후하여 稅畝法, 즉 묘단위의 현물지대가 일반적인 조세제도로 널리 퍼졌다. 세묘법으로 확실히 정전제의 종말을 선언했을 뿐만 아니라 비로소 토지의 사유를 승인하는 계기가 되었다. 세묘법에서는 이전의 공사전의 구분을 없애고 모든 토지를 私田化하여 철법

14) 『시경』. 「제풍 · 보전」: 無田甫田, 維莠驕驕.

15) 전게서. 巫宝三. 160쪽.

을 행하는 것이었다. 철법 아래에서 지주들은 더 많은 현물지대를 얻기 위해서 농부들로 하여금 경작지를 확장시켜 수확물을 높일 것을 독려했다.[16)]

현물지대인 貢法을 도입함으로써, 그리고 토지의 사유제가 확산됨으로써 백성들은 마침내 隸農으로서 그들이 매여 있던 종족공동체나 세습귀족의 토지로부터 해방될 수 있었다. 공법제 아래에서 귀족들은 백성들이 토지를 소유하는 것에 대해서보다 현물지대에 더 관심을 가졌다. "귀족지주들은 더 이상 농민의 경작면적에 관심이 없어졌고 단지 가능한 한 가장 높은 현물지대에만 관심을 가졌다. 지주들은 점차로 농업공동체의 점증하는 구성원에게 경지를 주기적으로 재분배하는 일을 그만두었다. 그리고 농가들은 그들이 경작하는 토지 몫에 대한 지속적 권리를 획득하게 되었다. 이 결과 이 토지 몫에 대한 권리는 그 집안에서 상속되고 마침내는 이 토지 자체가 사적 소유로 되었다. 따라서 일부 농가들은 이런 상황에서 새로운 지주 즉 銀戶(富農)로 전환될 수 있었고 반면에 다른 농가는 약간의 토지(私田)마저도 상실하여 귀족지주나 새로운 은호 지주의 순수한 소작인으로 몰락해 갔다."[17)] 이 은호는 봉건제의 붕괴에 따른 중앙집권권 통치를 보좌할 새로운 士 신분을 배출할 수 있는 물질적 토대를 갖게 되었다. 공자와 그의 수많은 제자가 하나의 사회적 신분으로 성장할 수 있는 경제 제도적 토대가 형성된 것이다.

---

16) 전게서. 송영배. 32쪽 참조.

17) 상게서. 33쪽.

3) 신분제도

춘추시대의 신분 등급은 크게 귀족과 비 귀족으로 나눌 수 있고, 통치신분인 귀족에는 大夫와 士가 있고, 피 통치 신분인 비 귀족에는 庶民와 奴隷가 있었다. 귀족은 '君子', '勞心者', 비 귀족은 '小人', '勞力者'로 불렸다. 이 네 신분 내부에도 층이 있는데, 대부 가운데 强族大姓 대부과 弱族 小姓 대부의 차별이 있었고, 卿과 대부의 구분이 있었다. 士는 公職을 담당할 수도 가신이 될 수도 있고, 직책이 없는 '食田', 심지어 自耕作者가 있었다. 서민은 '民', '黎民'으로 불렸고, 다시 庶人으로 불리기도 하는 農民과 工商人으로 나누어진다. 노예는 총칭으로 '臣妾'이라 했고, 政事 노예, 생활 노예, 생산에 종사하는 '隷農'이 있었다.[18)]

춘추시대에 계속되는 전쟁을 통해 제후들은 다른 약소 제후국을 자신에게 병합시킴으로써 영토를 확장하는 일에 몰두하였다. 이 제후들은 그의 확장된 영토를 직접 통치하려고 했을 뿐만 아니라 그의 제후국 안에 있는 '경'이나 '대부'와 같은 종래의 소영지 소유자(귀족)의 세력도 약화시키려고 했다. 그 과정에서 봉건적 신분제도는 붕괴되어 갔고 그 과정에서 사 계급이 주목할 만한 성장을 했다. 사는 周대까지 경 · 대부 · 사의 관직 선상에서 하급관리로서 한 계급을 이루고 있었다. 이 때의 "사는 마땅히 '武士'로 해석하여야 하며 그들은 귀족에게서 祿을 받는 직업 군인으로 또한 전쟁에서의 전투의 주

18) 何懷宏. 1996.『世襲社會及其解體』. 三聯書店. 81~2쪽.

력들이었다."[19] 춘추시대에 사는 제후들의 중앙집권적 통치를 돕는 새로운 임무가 요구되었다. 제후들은 군사부분에서만이 아니라 행정 부문에서도 봉토를 받지 않고 단지 봉급만 받는 지식인, 즉 선비(士)를 임명하기 시작했다.

> 司徒는 각지의 鄕에 명하여 재덕이 뛰어난 자를 논정해서 사도에게 천거케 한다. 그 천거된 자를 選士라고 한다. 사도가 그 추천된 선사들 중에서 우수한 자를 논정하여 學에 추천한다. 그 추천된 자를 俊士라고 일컫는다. 사도에게 추천된 자는 향의 요역이 면제된다. 학에 천거된 자는 사도가 시키는 요역도 면제된다. 그러한 선비를 造士라고 한다. (...) 대악정이 국학에서 양성한 졸업생 중에서 造士로서 우수한 자를 논정하여 왕에게 고하고 사마에게 천거한다. 이 천거된 사람들을 進士라고 한다. 사마는 진사 중에서 관리가 될만한 어진 인재를 논평하여 왕에게 보고하여서 그에 논평의 가부로 논정한다. 논의가 결정된 뒤에 관직을 맡기도, 관직을 맡긴 뒤에 작위를 주며 작위가 정해진 후에야 녹을 준다.[20]

선사, 준사, 조사, 진사와 같은 인재들이 후대의 士 개념과 가깝다. 이들은 모두 서인 가운데서 선발되었지만 대개 신흥 소지주층(은호) 출신이었다. 계속되는 전쟁 동안에 이 지식층인 전문가들은 군사적인 일에 봉사했을 뿐만 아니라 더욱더 커져가는 제후국들의 관리에 필요

19) 傳樂成. 1998. 신승하 역. 『中國通史』. 지영사. 35쪽.

20) 예기. 왕제: 命鄕論秀士, 升之司徒, 曰選士. 司徒論選士之秀者而升之學曰俊士. 升於司徒者不征於鄕, 升於學者不征於司徒, 曰造士. (...) 大樂正論造士之秀者, 以告于王, 而升諸司馬, 曰進士. 司馬辨論官材, 論進士之賢者, 以告於王而定其論. 論定然後官之, 任官然後爵之, 位定然後祿之.

한 기능을 떠맡았다. 이들은 통치자에 의해 봉급을 받는 관료가 되어 그의 지배권의 중앙 집중화를 실현시키는 데 기여했다.

한편 제후들이 관료제적 지배를 위해 사를 고용하였듯이 경 · 대부와 같은 소영지의 세습귀족들도 자신의 생존을 위해서나 지위를 강화하기 위해서 제후와 마찬가지로 자기 봉토 내에 또한 士들을 개인관리로 임용했다. "예컨대 齊 나라의 陣成子는 '소 한 마리를 잡아 1豆의 고기를 취하고 나머지로 사를 먹였다' 라고 했고, 魯 나라에서는 '季孫이 공자의 무리를 길러 조복을 입고 함께 앉은 자가 10여명이었다.' 라고 했다."[21] 이로써 私門이 사를 기르는 풍조가 성행하였음을 볼 수 있다. 봉건제후나 경 · 대부 가릴 것 없이, 모든 권력자들은 관료적 중앙권력의 조직화를 위해 지식인(士)들의 사회적 상승을 더욱 강하게 촉진시켰다.

이들 사 계급은 춘추시대부터는 하나의 직업군을 형성하였고 자연히 직업 선택의 대상이 되었다. 사 계급은 지주계급으로서 토지를 소유하여 자신의 잉여생산물을 생산해 낼 수 있게 되자 독서인으로서의 여유를 갖게 되었다. 사가 관리가 되는 첩경으로 생각되면서 다투어 士가 되기를 배웠다. 『한비자』「外儲說 · 좌상편」에 '中章과 胥己가 벼슬하자 中牟의 민 가운데 전원을 버리고 문학을 따르는 자가 읍의 절반이었다' 한다.[22] 이것을 미루어 볼 때 춘추 말기에 독서를 하고 士가 되기를 배우는 것이 이미 풍조가 되고 있음을 짐작할 수 있다.

---

21) 郭沫若. 1991. 조성을 옮김. 『중국고대사상사』. 까치. 75쪽.

22) 상게서. 76쪽 재인용.

중국 역사상 공자는 처음으로 강학을 직업삼아 생활을 유지했다. 공자 이전에는 농사도 공업도 장사도 벼슬도 하지 않고 오직 강학만을 직업삼아 생계를 도모한 사람은 없었다.[23] 공자는 시, 서, 예, 악, 역, 춘추 등 6예를 교육과목으로 가르쳤다. 『장자』「천하편」에 육예를 통해 가르치고자한 내용이 잘 요약되어 있다. “시는 사람의 마음을 나타낸 것, 서는 세상일을 말한 것, 예는 행실을 말한 것, 악은 사람의 화합을 말한 것, 역은 음양을 말한 것, 춘추는 군신의 명분을 적은 것이다.”[24] 육예의 내용은 정치나 행정에 필요한 지식을 망라하고 있음을 볼 수 있다. 그 결과 자로는 ‘병권을 맡을 만했고’, 염유는 ‘읍재가 될 만했고’, 공서화는 ‘외교사절을 응대할 만했으니’, 모두 ‘천승의 제후국 통치’ 업무를 맡을 수 있었던 것이다.[25]

공자는 士계급 출신이다. 그는 주 나라의 봉건제를 이상으로 삼았지만, 사 계급의 역할에 대해서는 매우 긍정적인 평가를 하고 있다. 그래서 봉건제의 질서가 무너지고 있는 현실에 대해 매우 비판적이었지만 사의 역할에 대해서는 많은 기대를 걸었다. 공자는 그의 제자들이 국정에 임할 때 봉건적 질서를 침범하는 무도한 군주를 바로 잡을 것을 자주 독려하였다. 그리고 사 계급이 이러한 봉건적 질서의 붕괴가 초래한 문제를 극복하는데 적극적인 역할을 해야 한다는 믿음을 갖고

---

23) 풍우란. 1999. 박성규 옮김. 『중국철학사 상』. 까치. 87쪽.

24) 『장자』. 1997. 안동림 역주. 현암사. 779쪽.

25) 『논어』.「공야장」7장: 孟武伯問子路仁乎? 子曰, “不知也.” 又問. 子曰, “由也, 千乘之國, 可使治其賦也, 不知其仁也.” “求也何如?” 子曰, “求也, 千室之邑, 百乘之家, 可使爲之宰也, 不知其仁也.” “赤也何如?” 子曰, “赤也, 束帶立於朝, 可使與賓客言也, 不知其仁也.”

있었다. 공자는 "관중이 환공을 도와 제후의 패자가 되어 한 번 천하를 바로잡아, 백성들이 지금까지 그 혜택을 받고 있으니, 관중이 없었다면 나(우리)는 그 머리를 풀고 옷깃을 외편으로 하는 오랑캐가 되었을 것이다. 어찌 匹夫 匹婦들이 조그마한 신의를 위하여 스스로 도랑에서 목매어 죽어 남이 알아주는 이가 없는 것과 같이 하겠는가."[26] 하고 했다. 사 계급 출신인 관중이 국정에 참여하여 이루어낸 업적을 높이 평가한 것은 이러한 믿음에서 비롯되었다고 볼 수 있다. 공자가 평가한 관중의 업적은 일견 군주를 능가한다. 공자는 관중의 업적을 높이 평가함으로써 사의 적극적인 시대적 역할을 주문하고 있었다.

사는 신분적 위계에서 볼 때 귀족과 庶民의 중간적 위치에 있다. 출신 배경도 귀족에서 몰락한 사람이나 서민에서 부유한 지주 계급이 주를 이룬다. 사 계급의 주된 일은 학문과 수기에 있다. 그의 사회적 역할은 위정자의 통치를 돕고 자문하는 관료행정이다. 사의 위치는 자본주의 사회의 계급으로 보면 화이트 칼라의 신중간계급의 계급적 속성과 형식상으로는 유사한 점이 있다. 신중간계급은 자본을 소유하지 않고 또 노동력을 판매하고 있다는 점에서는 노동자이지만 자본가의 이익에 봉사하고 자본가의 권력을 대행하여 노동자를 통제한다는 점에서는 자본가의 속성을 갖는다. 그러나 사는 형식상의 위계와는 달리 신하 혹은 피고용자의 신분으로써 군주에게 군자 혹은 스승으로서 위세를 행사한다. 사는 단순한 고용인이 아니라 자신의 이상이나

---

26) 『논어』. 「헌문」 18장: 子曰, "管仲相桓公, 霸諸侯, 一匡天下, 民到于今受其賜. 微管仲, 吾其被髮左衽矣. 豈若匹夫匹婦之爲諒也, 自經於溝瀆而莫之知也?"

사상을 군주의 권력을 통해 실현하려는 주체적인 면모를 갖기도 하였다. 공자의 경제사상과 노동관에는 사로서 이러한 신분적 배경과 계급의식이 반영되어 있다고 볼 수 있다.

2. 공자의 경제사상

『논어』에서 공자의 언술을 보면 거의 위정자나 관리, 장차 그들을 보좌할 제자 학생을 상대로 이루어져 있다. 서민을 직접 상대로 혹은 서민의 입장을 대변한 언술은 거의 찾아보기 힘들다. 이는 위정자를 보좌하는 사로서의 계급적 입장에서 언술이 이루어진 것이라 보겠다. 그래서 공자의 민본주의 사상은 아래로부터의 민주주의에 토대하지 못하고 위정자의 선의나 시혜에 의존할 수밖에 없는 한계를 가졌다. 그럼에도 불구하고 공자의 언술 내용은 유능한 위정자가 갖추어야 인격과 자질, 이를 통한 서민들의 생명과 재산을 보장하는 것에 관한 것이 대분이다. 이는 서민을 위한 정치를 위정자를 보좌하여 수행할 수밖에 없는 이중적 계급적 상황에서 비롯된 것이라 볼 수 있다. 공자의 이러한 이중적 계급상황은 위정자와 서민사이의 이해관계에 있어 中和的 입장을 갖게 한다. 중화적 입장은 좀더 넓게 시대적 상황에서 보면 종법봉건제가 중앙집권제로 넘어가는 갈등적 과정에서의 적응 이념으로 강조되었다.[27] 공자는 중화는 일체 사물의 가장 이상적인 상

27) 중도사상이 춘추시대의 공자의 전유물이라는 것은 아니다. 중도사상은 삼대 이전에

태라 인식했다. "중이란 것은 천하의 큰 근본이요, 화란 것은 천하의 공통된 도이다. 중과 화를 지극히 하면 천지가 제자리를 편안히 하고, 만물이 잘 생육될 것이다."[28] 공자는 자연계와 인류사회의 일체 관계에서 중화에 도달하는 것이 가장 정상적이고 이상적인 경계라 보았다. 성인이 정치를 하는 최종의 목표는 사회가 중화에 도달하게 하는 것이다. 공자의 경제사상도 경제를 통해 모든 사회구성 요소들이 중화를 이루게 하는 데 목적이 있다고 하겠다.

1) 생산론으로서의 부민(富民)사상

공자는 '부과 귀는 사람들이 희구하는 바이지만 빈과 천은 사람들이 싫어하는 바다' (논어 리인)라고 하여 부를 추구하는 것이 사회구성원 모두의 공통된 바람으로 인정하였다. 그리고 공자는 여러 대화에서 위정의 근본이 부민에 있음을 밝히고 있다. 부민사상은 국가의 부(國富) 보다는 백성들의 부(民富)를 우선시 하는 사상이다. 민부를 통해 국부를 이룰 수 있다는 생각은 봉건사회에서 획기적인 민본사상의 발로라 할 수 있을 것이다. 공자는 부민을 위해서 자유로운 경제활동이 보장되어야 한다고 주장한다.

첫째, 자유로운 경제활동이다.

있었고, 요임금이 순임금에게 제위를 선양할 때 격언으로 존재하고 있었다.(允執厥中, 요왈) 공자 시대의 갈등적 상황이 중도사상을 더욱 요구하게 했다는 의미이다.

28) 『중용』, 1장: 中也者 天下之大本也 和也者 天下之達 道也 致中和 天地位焉 萬物育焉.

> 子張이 공자께 묻기를 "어떻게 하여야 政事에 종사할 수 있습니까?" 하니, 공자께서 "五美를 높이고 四惡을 물리치면 이 정사에 종사할 수 있다" 하고 대답하셨다. 자장이 "무엇을 오미라 합니까?" 하고 묻자, 공자께서는 "군자는 은혜롭되 허비하지 않으며, 수고롭게 하되 원망을 받지 않으며, 하고자 하면서도 탐하지 않으며, 태연하면서도 교만하지 않으며, 위엄스러우면서도 사납지 않는 것이다" 하고 대답하셨다. 자장이 "무엇을 은혜롭되 허비하지 안는 것이라 합니까" 하고 묻자, 공자께서는 "백성들이 이롭게 여기는 것을 인하여 이롭게 해주니, 이 은혜롭되 허비하지 않는 것이 아니겠는가. 수고롭게 할 만한 일을 선택하여 수고롭게 하니, 또 누가 원망하겠는가. 仁을 하고자 하여 인을 얻으니 또 무엇을 탐하겠는가."[29]

이 인용구는 공자가 政事를 돌보는데 요구되는 자세로 오미와 사악을 들어 제시한다. 이를 공자의 경제사상과 관련지어 해석하면 다분히 서구 중농주의의 자유방임 사상이 내포되어 있다. 공자는 오미의 첫 번째로 惠而不費를 말했고 이를 '백성들이 이롭게 여기는 것을 인하여 이롭게 하는 것'이라 했다. 주자는 '혜이불비'를 謝氏의 말을 인용하여 창고의 재화를 타인과 나누는 것은 '은혜롭되 허비하는 것'이고 반면 '은혜롭되 허비하지 않는 것'는 四時의 조화와 토지의 건조함과 습함의 이로움, 五方의 자원으로 인해 재화를 풍부하

29) 『논어』. 「요왈」. 2장: 子張問於孔子曰, "何如斯可以從政矣?" 子曰, "尊五美, 屛四惡, 斯可以從政矣." 子張曰, "何謂五美?" 子曰, "君子惠而不費, 勞而不怨, 欲而不貪, 泰而不驕, 威而不猛." 子張曰, "何謂惠而不費?" 子曰, "因民之所利而利之, 斯不亦惠而不費乎? 擇可勞而勞之, 又誰怨? 欲仁而得仁, 又焉貪? 君子無衆寡, 無小大, 無敢慢, 斯不亦泰而不驕乎? 君子正其衣冠, 尊其瞻視, 儼然人望而畏之, 斯不亦威而不猛乎?" 子張曰, "何謂四惡?" 子曰, "不敎而殺謂之虐, 不戒視成謂之暴, 慢令致期謂之賊, 猶之與人也, 出納之吝謂之有司."

게 함[30]으로써 삶을 윤택하게 하는 것을 말한다고 했다. 여기서 공자는 국가의 간섭을 최소화 하는 정책을 주문하고 있다는 점에서 서구의 고전 경제학의 자유방임주의와 일맥상통한 점이 있다. 그리고 자연의 법칙에 순응함으로써 생산을 촉진할 수 있다고 본 점에서도 봉건제적 한계를 극복하는 진보적인 측면을 엿볼 수 있다.

둘째, 노동시간과 노동대상의 보장이다.

> 공자께서 말씀하셨다. "천승의 나라를 다스리되 일을 공경하고 믿게 하며 쓰기를 절도 있게 하고 백성을 사랑하며 백성을 부리기를 때(농한기)에 하여야 한다.[31]

> 애공은 澤梁에 대한 금령과 關市에 대한 세금을 없애고 그 혜택을 백성들에게 돌려주었다.[32]

농업사회에서 農時는 매우 중요시 된다. 서주 봉건제 아래에서 귀족영주는 직접 공전의 생산을 관리했고 때에 맞게 경작하기 위하여 농시를 장악했다. 당시에는 매년 천자는 가을과 겨울이 교차하는 시점에서 다음 해의 曆書를 제후들에게 반포하였는데 이를 '頒告朔'이라 불렀다. 그러나 춘추시대에는 공전이 쇠퇴하고 노동지대가 현물지대로 바뀌어가면서 직접 농사를 관장하지 않게 된 귀족들은 농시를

30) 상세서 (세주): 朱子曰 謝氏云 以府庫之財 與人則惠而費矣 安得人人而給之 惟因四時之和 因原濕之利 因五方之財 以阜物以厚生 使民不饑不寒何費之.

31) 『논어』. 「학이」. 5장: 子曰, "道千乘之國, 敬事而信, 節用而愛人, 使民以時."

32) 공안국. 2003. 이민수 역. 「오의해」. 『공자가어』. 을유문화사. 77쪽.

의식할 필요성이 없어지고 따라서 농시에 대한 관념도 사라져 갔다. 공자의 제자 子貢마저도 고삭의 희생을 폐지할 것을 제기하였을 정도이다.[33] 이러한 상황에서 귀족들은 사회와 토목공사에 서민들을 자주 동원하는 등 농시를 등한시 하였고 농민들은 경작의 시기를 놓치는 경우가 많았다. 한편 생산에는 생산수단으로서의 토지가 필수적이었고 이를 위해 토지의 개간이 필요했다. 귀족의 사냥과 낚시터인 산택을 자유롭게 개간하는 것이 부민을 위해 필요하였다. 그리고 부민을 위해서 시장의 세금을 없애 물자를 원활히 유통시키고, 백성들의 세금과 부역을 덜어주는 필요하다고 보았다.

2) 소비론으로서의 절검(節儉)사상

절약과 검소는 공자가 이상으로 삼고 있는 서주시대의 군주가 갖는 최고의 미덕으로 꼽혔다. 周 初의 통치자들은 은나라가 망한 것을 거울로 삼아 근면 검소함이 나라를 부흥시키는 도리라고 보고 사치를 배제하고 검소함을 숭상했다. 이러한 절검사상이 통치자의 입신과 치국의 최고의 원칙이 되었고 이것을 왕위 계승자에게 교육시켰다. 『史記』「주본기」에 다음과 같은 顧命이 있다. "成王이 붕어하자 소공과 필공은 제후들을 거느리고 태자 교를 인도하여 선왕의 묘에 참배하게 하고, 문왕과 무왕이 왕업을 어렵게 이루었음을 거듭 고하여, 검약에 힘쓰고 탐욕을 부리지 말며 진실한 믿음으로 천하를 통치하게 하였

---

33) 『논어』. 「팔일」 17장: 子貢欲去告朔之餼羊. 子曰, "賜也! 爾愛其羊, 我愛其禮."

다."[34] 周王은 역시 각국의 제후들을 이 고명으로 다스렸다. 그러나 춘추시대에 이르러 통치자의 사치 풍조는 심해지고 백성들의 착취는 더욱 가중되었다. 절검사상은 안빈낙도사상과 절용사상으로 정리할 수 있을 것 같다.

첫째, 안빈낙도적 소비를 한다.

> 자공이 말하였다. "가난하되 아첨함이 없으며, 부유하되 교만함이 없으면 어떻습니까?" 공자께서 말씀하시기를 "괜찮으나 가난하면서도 즐거워하며, 부유하면서도 예를 좋아하는 자 만은 못하다.[35]

> 공자께서 말씀하셨다. "어질다, 顔回여! 한 그릇의 밥과 한 표주박의 음료로 누추한 시골에 있는 것을 딴 사람들은 그 근심을 견뎌내지 못하는데, 안회는 그 즐거움을 변치 않으니, 어질다. 안회여![36]

공자는 자공에게 가난함을 즐거워하라 말한 것은 아니다. 그리고 안회가 소박한 음식과 누추한 환경을 좋아했다는 것도 아니다. 공자의 안빈낙도는 도를 즐기는데 가난에 개의치 않는 다는 것이다. 이는 군자는 풍족한 물질적 소비를 통해서가 아니고 도를 추구하는 데서 즐거움을 얻어야 한다는 것이다. 군자는 "먹음에 배부름을 구하지 않

---

34) 사마천. 1994. 정범진 외 옮김. 『사기 · 본기』. 까치. 84쪽.

35) 『논어』. 「학이」 15장: 子貢曰, "貧而無諂, 富而無驕, 何如?" 子曰, "可也, 未若貧而樂, 富而好禮者也."

36) 『논어』. 「옹야」 9장: 子曰, "賢哉, 回也! 一簞食, 一瓢飮, 在陋巷, 人不堪其憂, 回也不改其樂. 賢哉, 回也!"

으며, 거처할 때에 편안함을 구하지 않는다."[37] 선비가 "도에 뜻을 두고서 나쁜 옷과 나쁜 음식을 부끄러워하는 자는 더불어 도를 의논할 수 없다."[38] 군자는 백성들을 물질적으로 풍요롭게 해 줄 의무가 있지만 자신들은 가난에 구애되지 않고 道를 구하는 것을 본분으로 삼아야 한다는 것이다.

둘째, 절도 있는 소비 태도를 지향한다.

> 顔淵이 죽자 顔路가 공자의 수레를 팔아 외관[槨]을 만들 것을 청하니, 공자께서 말씀하셨다. "재주가 있거나 재주가 없거나 간에 또한 각각 자기의 아들이라 말할 것이니 <내 아들> 鯉가 죽었을 때에 棺만 있었고 외관은 없었으니, 내가 수레를 팔아 도보로 걸어 다니며 외관을 만들어주지 못함은 내가 大夫의 뒤를 따르기 때문에 도보로 걸어 다닐 수 없어서이다."[39]

군자는 안빈낙도로써 물질에 초연한 삶을 살아야 하고 소비 실천은 예에 맞게 해야 한다. 공자는 가장 사랑하는 제자의 외관을 마련하는데 자신의 수레를 팔 수 없는 이유를 개인적으로는 자신의 아들의 장례 때의 소비수준과 균형을 맞추고, 사회적으로는 대부의 신분이기 때문에 그에 걸 맞는 소비를 해야 하기 때문이라고 했다. 절도 있는

---

37) 『논어』. 「옹야」 14장: 子曰, "君子食無求飽, 居無求安, 敏於事而愼於言, 就有道而正焉, 可謂好學也已."

38) 『논어』. 「리인」 9장: 子曰, "士志於道, 而恥惡衣惡食者, 未足與議也."

39) 『논어』. 「선진」 7장: 顔淵死, 顔路請子之車以爲之槨. 子曰, "才不才, 亦各言其子也. 鯉也死, 有棺而無槨. 吾不徒行以爲之槨. 以吾從大夫之後, 不可徒行也."

소비는 신분에 맞게 소비하는 것을 말한다.

또한 절도 있는 소비는 개인적으로는 지족하는 소비이다. 공자가 衛나라의 公子 荊을 두고 다음과 같이 논평하였다. "그는 집에 거처하기를 잘하였다. 처음 <가재도구를> 소유했을 때에는 '그런대로 이만하면 모여졌다' 하였고, 다소 갖추어졌을 때에는 '그런대로 이만하면 갖추어졌다' 하였고, 많이 가지고 있을 때에는 '그런대로 이만하면 아름답다' 하였다."[40] 위나라 대부 荊은 가난한 살림이 점차 부유해져 소비수준은 높아갔지만 항상 각 수준에서 知足하는 태도를 견지했기 때문에 공자는 칭찬한 것이다. 지족하는 소비는 사회적 질서를 유지하는데도 반드시 필요하다. 지족하지 못하면, 가난한 자는 '가난하면서 원망이 없기는 어렵고(貧而無怨 難)', '소인은 궁하면 넘친다(小人窮斯濫矣).' 그리고 부유한 자는 '예를 헤아리지 않고 거두는 일에만 탐하여 한이 없게 된다(不度于禮而貪冒無厭(좌전 애공11년)). 군자의 소비는 예에 따른 '절제된 소비로 백성을 사랑하는 것(節用而愛人)'에 있다 하겠다. 이는 곧 중과 화를 지향하는 소비이다.

3) 분배론으로서의 균분(均分)사상

공자는 생산보다 분배 문제에 더 많은 관심을 표명했다. 공자는 季氏가 노나라의 附庸國인 顓臾을 정벌할 것이란 사실을 제자 冉求로부

40) 『논어』.「자로」 8장: 子謂衛公子荊, "善居室. 始有, 曰, '苟合矣.' 少有, 曰, '苟完矣.' 富有, 曰, '苟美矣.'"

터 전해 듣고 다음과 같이 말한다. "나(丘)는 들으니, 나라를 소유하고 집을 소유한 자는 <백성이> 적음을 근심하지 않고 고르지 못함을 근심하며, 가난함을 근심하지 않고 편안하지 못함을 근심한다고 한다. 고르면 가난함이 없고, 和하면 적음이 없고, 편안하면 기울어짐이 없는 것이다. 이와 같으므로 먼 지방 사람이 복종하지 않으면 文德을 닦아서 그들을 오게 하고, 이미 오게 했으면 편안하게 하는 것이다. 지금 由와 求는 夫子(계씨)를 돕되, 먼 지방 사람이 복종하지 않는데도 능히 오게 하지 못하며, 나라가 분열되고 무너지는데도 능히 지키지 못하고, 그런데도 창과 방패를 나라 안에서 사용할 것을 꾀하니, 나는 계손의 근심이 전유에 있지 않고 병풍 안에 있을까 두렵노라."[41] 고대 자연경제 사회에서 생산력은 노동력과 토지에 의존하였다. 공자는 전유를 정벌하여 노동력과 토지를 다소 얻기는 하겠지만 백성이 고르지 못하다고 생각하면 편안함을 느끼지 못하고 결국 나라가 기울어질 것이라고 말한 것이다. 계씨는 정벌을 통해 얻은 노동력과 토지를 통해 國富를 증대하려고 했다면, 공자는 균분을 통해 민심의 안정을 이루면 먼 지방 사람이 스스로 찾아와 인구의 적음(寡)과 토지의 적음(貧)이 사라질 것이라 하여 富民을 강조하였다. 공자의 균분사상의 실천은 그의 신분적 분업사상과 세금정책에 잘 나타난다.

첫째, 신분적 분업에 따른 정당한 분배를 추구한다.

---

41) 『논어』. 「계씨」 1장: 孔子曰, "丘也聞有國有家者, 不患寡而患不均, 不患貧而患不安. 蓋均無貧, 和無寡, 安無傾. 夫如是, 故遠人不服, 則脩文德以來之. 旣來之, 則安之. 今由與求也, 相夫子, 遠人不服, 而不能來也, 邦分崩離析, 而不能守也, 而謀動干戈於邦內. 吾恐季孫之憂, 不在顓臾, 而在蕭牆之內也."

子夏가 말하였다. "온갖 工人들은 공장에 있으면서 그 일을 이루고, 군자는 배워서 그 道를 지극히 한다.[42]

공자께서 말씀하셨다. "군자는 道를 도모하고 밥을 도모하지 않는다. 밭을 갊에 굶주림이 그 가운데에 있고, 학문을 함에 祿이 그 가운데 있는 것이니, 군자는 道를 걱정하고 가난함을 걱정하지 않는다."[43]

공자는 군자와 소인 사이의 사회적 분업을 강조하였다. 군자는 도를 추구하고 소인은 일[事] 혹은 생계[食]를 버는데 주력한다는 것이다. 군자는 道를 추구해야 한다고 강조하는 것은 富의 추구를 백성과 더불어 다투지(與民爭利) 말라는 의미를 담고 있다. "임금을 비롯한 위정자들은 함부로 자신의 직분을 넘어 백성들의 직분을 빼앗거나 이익을 다투는 등 도리를 벗어난 행위로써 백성들의 이익 영역을 침범해서는 안 되는 것이다. 따라서 그들은 올바른 경제 구조의 확립을 통하여 각 직업들의 고유한 영역을 침범하지 않고 균형을 유지해 나가는 것이야말로 균등한 분배를 실행하는 것이라 보았다."[44] 공자는 농사의 일, 백공의 일, 재화를 늘리는 일 등 富를 얻는 일과 배움을 얻어 출사를 하고 임금을 도와 나라를 다스리는 貴을 추구하는 것을 인간의 보편적 본성으로 다 같이 인정하였다. 그러나 부는 소인과 백공이, 귀는 군자가 사회적 신분에 따라 분배되어야 中이며 그리할 때 사회

42) 『논어』. 「자장」 7장: 子夏曰, "百工居肆以成其事, 君子學以致其道."

43) 『논어』. 「위령공」 32장: 子曰, "君子謀道不謀食. 耕也, 餒在其中矣, 學也, 祿在其中矣. 君子憂道不憂貧."

44) 김철운. 2005. 「공자와 맹자의 경제 사상」. 『양명학』 14. 111쪽.

적 갈등을 줄이고 조화(和)를 이루어나갈 수 있다고 보았다.

둘째, 세금을 줄여 공평한 분배를 도모한다.

> 계씨가 주공보다 부유하였는데도 求(冉有)가 그를 위해 賦稅를 걷어 재산을 더하였다. 공자께서 말씀하셨다. "<求는> 우리 무리가 아니니, 小子들아! 북을 울려 죄를 성토함이 옳다"[45)]

> 哀公이 有若에게 물었다. "연사가 흉년들어서 財用이 부족하니, 어찌하겠는가?" 유약이 대답하였다. "어찌하여 徹法을 쓰지 않습니까?" 애공이 말하였다. "10분의 2도 내 오히려 부족하니, 어떻게 철법을 쓰겠는가?" 유약이 대답하였다. "백성이 풍족하면 임금께서 누구와 더불어 부족하실 것이며, 백이 풍족하지 못하면 임금께서 누구와 더불어 풍족하시겠습니까"[46)]

공자는 염구가 대부 계씨를 위해 세금을 무겁게 거두니 문하에서 추방하라며 크게 꾸짖었다. 유약은 애공에게 세금을 반으로 줄이라고 요구했다. 춘추시대에 군주들은 전쟁비용과 사치로 백성들에게 무거운 세금을 부과했다. 유가들은 유약이 말한 10분의 1의 조세인 철법을 가장 이상적인 세율로 생각했다. 그 이상으로 거두면 폭군 傑의 법이요, 그 이하는 오랑캐의 법이라 하여 10분의 1세가 중도가 된다고

---

45) 『논어』. 「선진」 16장: 季氏富於周公, 而求也爲之聚斂而附益之. 子曰, "非吾徒也. 小子鳴鼓而攻之, 可也."

46) 『논어』. 「안연」 9장: 哀公問於有若曰, "年饑, 用不足, 如之何?" 有若對曰, "盍徹乎?" 曰, "二, 吾猶不足, 如之何其徹也?" 對曰, "百姓足, 君孰與不足? 百姓不足, 君孰與足?"

하였다. 10분의 1세는 백성을 부유하게 하는 정책수단이다. 공자는 애공이 정치에 대해 물었을 때, 정치의 급한 것은 백성들을 부유하게 하고 壽하게 하는 것이 제일이라 했다. 그리고 그 방법을 물었을 때 "백성들의 부역을 덜어주고 세금을 적게 하면 백성이 부하게 될 것이며, 예절과 교육을 독실히 하고 죄와 질병을 멀리하면 백성이 壽하게 될 것입니다"[47]라고 대답했다. 공자는 백성을 부유하게 하는 것을 정치의 한 요체로 들었지만 생산을 강조한 경우는 찾기 어렵고 위정자의 감세(薄賦斂)를 거듭 강조하고 있다. "관대하면 백성을 얻고", "은혜로우면 사람을 부리기에 족하고"[48], "널리 백성에게 베풀면 대중을 구제할 수 있다."[49] 공자는 세금을 줄이는 것을 덕치의 기초로 보았다.

3. 공자의 노동관

노동은 대개 경제적 관점에서 희소한 재화나 서비스를 생산하기 위한 인간 활동으로써 "노동은 자기 보존이라는 가장 주요한 목적을 위

---

47) 전게서. 『공자가어』. 158쪽.

48) 『논어』 「양화」 5장: 子張問仁於孔子. 孔子曰, "能行五者於天下爲仁矣." "請問之." 曰, "恭寬信敏惠. 恭則不侮, 寬則得衆, 信則人任焉, 敏則有功, 惠則足以使人."

49) 『논어』. 「옹야」 30장: 子貢曰, "如有博施於民而能濟衆, 何如? 可謂仁乎?" 子曰, "何事於仁! 必也聖乎! 堯舜其猶病諸! 夫仁者, 己欲立而立人, 己欲達而達人. 能近取譬, 可謂仁之方也已."

하여 인간과 인간을 둘러싼 환경 사이의 조정"[50]으로 정의되고 있다. 그러나 노동은 보다 다양한 의미를 포괄하고 있다. 노동은 넓은 의미로서 생존을 위한 인간의 모든 활동을 의미하는 '일'을 의미하기도 하지만, 일반적으로 우리가 노동이라 할 때는 정신적, 육체적인 사회경제적 노동을 지칭한다. 인간의 활동은 동물과는 달리 가치를 추구한다. 가치추구의 입장에서 보면 노동은 사회경제적 가치생산 노동, 예술적 가치 실현을 위한 노동, 진리라는 가치를 위한 노동, 윤리적인 가치에 따른 노동 등이 있다. 또 노동은 '실천(praxis)'으로서의 노동과 '제작(poiesis)'으로서의 노동으로 구분한다. 실천적 노동은 인간의 자주적, 정신적 활동으로서 노동 주체가 그 '형상(목적)'을 미리 자신 속에 갖고 그것을 실현하는 노동이다. 반면 제작적 노동은 물적 대상을 전제로 하여 그것의 성질에 따라, 그 성과물을 사용하는 사람의 목적에 따라 이루어지는 노동이다.[51] 자본주의 사회에서의 노동은 대체로 사회경제적 가치를 추구하는 노동이며 타인을 위한(爲人的) 제작적 노동에 국한되는 노동이 대부분이다.

서구에서 노동관은 역사적으로 의미와 위상이 변천되어 왔다. 고대 그리스의 노동개념은 praxis와 poiesis로 구분하였는데, 협의의 노동 개념인 poiesis는 오로지 강제에 의해 수동적으로 참아내지 않으면 안 되는 것으로 이해되었다. 노동은 이성의 눈을 흐리게 하는 것으로

---

50) 오리오 기아리니 · 파트릭 리트케 지음. 1999. 김무열 옮김. 『노동의 미래』. 동녘. 36~7쪽.

51) 淸水正德 저. 1992. 편집부 옮김. 『노동의 의미』. 한마당. 22쪽, 29쪽 등 참조.

서 비하되었으며 노예에게 강제로 부과되는 고통스러운 활동이었다. 그리스의 노동관은 기독교의 노동관으로 이어졌다. 성경은 노동을 신에 대한 인간의 불복종의 죄로 인간이 받은 저주와 천벌의 결과로 여긴다. '너희들은 이마에 땀 흘리며 너희들의 빵을 벌게 되리라.' '고된 일을 함으로써만 너희들은 땅으로부터 너희들의 양식을 얻게 되리라.' 여기에는 인간이 선고받은 가혹한 필연성이 있다. 그리고 바울은 '일하지 않는 자는 먹지도 말라'라는 계율을 남겼다. 노동의 고통은 원죄에 대한 속죄로써 신앙에 대한 증표로 감수할 수 밖에 없는 벌이었다. 기독교의 노동관은 종교개혁을 거치면서 새로운 의미를 부여받게 된다. 베버가 분석한 것처럼 프로테스탄트의 윤리는 직업(Beruf)은 신의 소명, 즉 신으로부터 부여받은 사명으로 보았고, 노동은 다만 원죄의 벌이 아니라 노동을 통해 하나님의 은총을 확인할 수 있는 축복이기도 하였다.

18세기에 와서야 노동은 종교적이거나 교훈적인 진술에서 벗어나 경제학과 철학의 숙고의 대상이 되었다. 아담 스미스는 노동가치설을 통해 국부가 노동에 의해 창출된다고 주장하여 생산노동의 의미를 부여했다. 그리고 헤겔은 노동을 인간이 자연을 변화시키면서 그 자신을 생산하는 작업으로 간주하였다. 인간의 노동은 이제는 단지 생존적인 필연성이나 강제적인 징벌명령만이 아니라 인간과 세계의 끊임없는 상호생산이기도 하였다. 마르크스는 자본론에서 노동의 본질을 보다 상세히 기술한다. "노동은 우선 인간과 자연 사이에서 일어나는 한 행위이다. 인간 자신은 자연과 마주 대하여 타고난 힘으로 거기에서 노동을 한다. 인간은 물질을 자신의 삶에 유익한 형태로 바꾸어 물질을 자신의 것으로 만들기 위해 인간의 타고난 육체, 즉 팔, 다리, 머리와 손을 활동시킨다. 인간이 이 같은 활동으로 외부 자연에 영향을 끼쳐 외부 자연을 변화시키는 동시에 자기 자신의 본질도 변화시켜, 그 본질에 잠재되어 있는 능력을 발전시킨다."[52] 마르크스에게 있어 노동은 매우 주체적이고 의지적인 활동이며, 이를 통해 자아를 실현하거나 외화하거나 객관화함으로써 자신의 본질을 실현해나가는 행위로 보았다.

지금까지 간단히 살펴본 바와 같이 서구의 노동관은 시대에 따라 변천해 왔다. 공자의 노동관은 그의 경제사상과 계급적 배경, 그리고 당시의 생산력 수준 등을 통하여 형성되었다. 공자의 노동관에도 군자의 노동과 소인의 노동이 다르게 평가되지만 소인의 일이라 해도 그리스나 기독교의 노동관처럼 저주받은 활동으로 인식되지는 않았다. 공자의 노동관은 지배계급으로부터 노동에 대한 의미부여의 성격이 강하다. 그는 주로 위정자의 노동에 대해 말했고 서민의 노동에 대해 직접 언급한 경우는 매우 드물다.[53]

52) 미리 크리스틴 드무르그 지음. 1993. 문재은 옮김. 『인간과 노동』. 예하. 16쪽 재인용.

53) 『논어』에서 생산적 노동에 대한 언급이 더물고, 또 비천한 것으로 여겼다. 농업에 대한 언급으로 樊遲와의 대화가 있다. 樊遲請學稼. 子曰, "吾不如老農." 請學爲圃. 曰, "吾不如老圃." 樊遲出. 子曰, "小人哉, 樊須也! 上好禮, 則民莫敢不敬, 上好義, 則民莫敢不服, 上好信, 則民莫敢不用情. 夫如是, 則四方之民襁負其子而至矣, 焉用稼?" (자로, 4장), 공업에 대해서는 百工의 일에 대한 언급이 있다. 子夏曰, "百工居肆以成其事, 君子學以致其道." (자장, 7장), 그리고 상업에 대해 자공의 일에 대해 말한 바 있다. 柴也愚, 參也魯, 師也辟, 由也喭. 子曰, "回也其庶乎, 屢空. 賜不受命, 而貨殖焉, 億則屢中." (선진 18장) 여기서 농공상업을 모두 비천한 것으로 여겼다. 그러나 비천하다고 해서 중시하지 않았다고 볼 수는 없다. 이것은 유가들이 백성을 군주에 비해 비천하다고 여겼지만 결코 백성을 중시하는 민본주의를 벗어나지 않은 것과 마찬가지다.

1) 생명활동으로서의 본질적 노동

> 자공이 政事를 묻자, 공자께서 말씀하셨다. "양식을 풍족히 하고 兵을 풍족히 하면 백성들이 믿을 것이다.[54]

> 공자께서 衛나라에 가실 때에 冉有가 수레를 몰았다. 공자께서 "백성이 많기도 하구나" 하셨다. 염유가 "이미 백성들이 많으면 또 무엇을 더 하여야 합니까?" 하고 묻자, "부유하게 해주어야 한다" 하셨다. "이미 부유해지면 또 무엇을 더하여야 합니까?" 하고 묻자, "가르쳐야 한다" 하셨다.[55]

공자는 노동을 기본적으로 생명활동이라 보았다. 그의 노동관에는 어떤 초월적인 존재나 종교적인 교설이 존재하지 않으며 노동은 인간의 생존과 직결된 매우 현실적이고 실제적인 문제일 뿐이다. 공자는 정치의 요체를 백성들을 풍족하게 하고, 생명과 재산의 안전을 보장하고, 문화적인 삶을 위해 교육하고, 위정자에게 믿음을 갖게 하여 심리적으로 안정된 삶을 영위하게 하는 것에 있다고 보고 있다. 관점을 백성들에게로 이동하여 보면, 이와 같은 위정자의 政事는 백성들이 주구해야 할 노동의 가치이자 권리이기도 하다. 백성들은 풍족한 삶을 위해 노동할 권리, 위협으로부터 자신을 보호할 권리, 문화적인 삶을 위해 교육을 받을 권리, 또 믿을 만한 위정자를 선택하여 의탁할

54) 『논어』.「안연」 7장: 子貢問政. 子曰, "足食, 足兵, 民信之矣."

55) 『논어』.「자로」 9장: 子適衛, 冉有僕. 子曰, "庶矣哉!" 冉有曰, "既庶矣, 又何加焉?" 曰, "富之." 曰, "既富矣, 又何加焉?" 曰, "教之."

권리가 있다. 공자는 백성들의 노동은 크게 이와 같은 권리의 행사와 관련하여 이루어진다고 보고 있다. 그리고 공자는 족식과 부와 같은 생명활동을 위한 노동을 가장 우선으로 삼았다. 국방을 튼튼히 하고(足兵), 교육을 받고(敎之), 군주를 믿는(信之) 문제 등은 족식과 물질적 풍요에 비해 이차적인 노동에 불과하다는 것이다.

공자는 부민사상에서 백성을 부와 가치의 증식을 추구하는 수단으로 삼지 않아야 한다고 보았다. 노동에서 생산노동을 근본(本)으로 보고 교환노동을 말엽(末)으로 보았다. "자연경제의 기본적 경제목표는 생산자의 자급자족, 즉 기본적인 생활수요를 만족시키는데 있지 가치증식에 있는 것이 아니다. 그래서 유가는 사회경제 문제를 고려할 때 의식주 생활수요를 만족시키는 것을 기본전제와 목표로 삼는데 이것이 養民과 富民이다."[56] 그 당시 위정자들은 백성들의 생명활동으로서의 노동을 착취하여 전쟁에 동원하거나, 위정자의 입장에서 그들을 부리기 쉽도록 교육하고[57] 자신에 대한 믿음을 강요하는 경우가 허다하였다. 공자가 생산적 노동을 비록 비천한 것으로 보았지만, 그것을 위정자의 일인 군사적, 문화적, 정치적 활동에 우선한 생명활동으로 인식한 점은 상당히 민본주의적 노동관을 가졌다 하겠다.

---

56) 唐凱麟 · 曹剛 著. 2000.『重釋傳統』. 華東師範大學出版社. 323~324쪽

57) 『논어』. 「양화」 4장: 子之武城, 聞弦歌之聲. 夫子莞爾而笑曰, "割雞焉用牛刀?" 子游對曰, "昔者偃也聞諸夫子曰, '君子學道則愛人, 小人學道則易使也.'" 子曰, "二三者! 偃之言是也. 前言戲之耳."

2) 덕의 실천으로서의 인격적 노동

공자께서 말씀하셨다. "군자는 그릇처럼 국한되지 않는다."[58)]

大(태)宰가 子貢에게 물었다. "공자는 聖者이신가? 어쩌면 그리고 능한 것이 많으신가?" 자공이 말하였다. "<선생님은> 진실로 하늘이 풀어놓으신 성인이실 것이요, 또한 능한 것이 많으시다." 공자께서 이 말을 들으시고 다음과 같이 말씀하셨다. "태제가 나를 아는구나. 내 젊었을 적에 미천했기 때문에 鄙賤한 일에 능함이 많으니, 군자는 능한 것이 많은가? 많지 않다." 牢가 말했다. "선생께서 말씀하시기를 '내가 세상에 등용되지 못했기 때문에 여러 가지 재주를 익혔다' 고 하셨다.[59)]

군자가 그릇처럼 하나의 기능에만 제한되지 않는다고 한 것은 노동과 관련하여 보면 초인격적 노동을 추구한다고 볼 수 있다. 군자가 그릇과 같아서 특정한 노동에만 전문화되면 다만 한 재주, 한 기예의 국한적인 인격을 가질 뿐이다. 초인격적 노동은 praxis와 같은 노동으로 노동이 주어진 소재나 사용자의 필요나 욕구에 따라 이루지는 것이 아니라 노동하는 자의 철학이나 지혜를 자신의 모든 노동에 자유롭게 실현하는 노동이라 할 수 있다. 공자는 모든 형태의 노동은 작용(用)에 해당하고 그 노동의 본체(體)에 해당하는 것은 德이다. 成德한 군자는 본체를 갖추었기 때문에 어떠한 노동을 하더라도 두루 그 덕성

58) 『논어』. 「위정」 12장: 子曰, "君子不器."

59) 『논어』. 「자한」 6장: 大宰問於子貢曰, "夫子聖者與? 何其多能也?" 子貢曰, "固天縱之將聖, 又多能也." 子聞之曰, "大宰知我乎! 吾少也賤, 故多能鄙事. 君子多乎哉? 不多也." 牢曰, "子云, '吾不試, 故藝.'"

을 발휘하게 되고 최선의 노동을 하게 된다.[60)]

공자는 어린 시절 빈천하게 자라 그 자신 비천한 노동을 경험했고 그 노동에 숙달했다. 聖人이라고 해서 미천한 일에 능하지 말라는 법은 없으며, 또한 군자가 반드시 많은 재능을 가져야하는 것도 아니다. 공자는 비천한 일이냐 고귀한 일이냐를 구분하는 것은 별 의미가 없다고 본 것이다. 종사하는 노동에 의해 인격의 귀천이 결정되는 것이 아니다. 노동의 귀천은 분업적 질서에 따를 뿐 인격을 반영하는 것은 아니다. 공자의 노동관에서 노동은 귀천에 상관없이 동일하게 인격(덕성)을 실현하는 수단일 뿐이다.

3) 정의(義)에 따르는 윤리적 노동

> 공자께서 말씀하셨다. "거친 밥을 먹고 물을 마시며 팔을 굽혀 베더라도 樂은 또한 그 가운데 있으니, 義롭지 못하고서 富하고 또 貴함은 나에게 있어 뜬구름과 같으리라."[61)]

> 공자께서 말씀하셨다. "부와 귀는 사람들이 하고자 하는 것이나 그

---

60) 노나라 소공 10년(기원전 532)을 전후하여 공자는 이미 장성하여 계손씨의 委吏가 되어 창고를 관리하였는데, 계산이 정확하고 일 처리가 매우 공정하였다. 맹자는 '委吏'라는 직책이 회계를 담당하는 관리를 가리킨다고 하였다(萬章下). 또 소공 11년 공자 21세의 나이로 계손씨의 司職吏가 되어 가축들을 관리하였는데, 가축들은 살이 찌고 번식하여 그 수가 늘어났다. 맹자는 '承田'이란 직책이 소나 양과 같은 가축들을 키우고 관리하는 임무를 맡은 관리를 가리키는 것이라고 하였다(萬章下). 『孔子聖蹟圖』. 2003. 김기주, 황지원, 이기훈 역주. 예문서원. 34쪽, 38쪽

61) 『논어』. 「술이」15장: 子曰, "飯疏食飮水, 曲肱而枕之, 樂亦在其中矣. 不義而富且貴, 於我如浮雲."

> 정상적인 방법으로 얻지 않으면 처하지 않아야 하며, 빈과 천은 사람들이 싫어하는 것이나 그 정상적인 방법으로 얻지 않았다 하더라도 버리지 않아야 한다.[62]

공자는 부귀를 모두 뜬구름과 같이 보고 이를 구하지 말아야 한다고 말한 것은 아니다. 부귀 가운데 의롭지 못한 것을 뜬구름과 같이 보아야 한다는, 다시 말해 의로움을 표준으로 삼아 마땅히 구하고 취하지 말 것을 판단해야 한다는 것이다. 또한 공자는 군자나 소인을 막론하고 누구나 노동의 목적이 부귀를 얻고 빈천으로부터 벗어나는데 있다고 본다. 그러나 모든 인간에게 공통적인 이 바람은 정당한 방법(道)에 따라 이루어져야 한다는 것이다. 정당한 방법은 곧 정의(義)라 할 수 있다. "공자가 말한 의는 일체의 시비와 가부에 대해서 지도적인 작용을 가지고 있고 취사의 표준이 되지 않는 것이 없다고 추정해도 괜찮다."[63] 그래서 의에 따르면 이익은 이에 수반된다. 義와 利의 관계는 공자시대에 이미 널리 언급되고 있었다. "무릇 정의는 이익을 산출하는 소이이다 ... 정의롭지 않으면 이익은 성대하지 않다"[64], "무릇 정의는 이익의 풍족함이다 ... 정의가 없어지면 이익은 성립되지 않는다"[65], "이익은 정의의 적설하고도 마땅함이다 ... 만물을 이롭

---

62) 『논어』. 「리인」 5장: 子曰, "富與貴, 是人之所欲也, 不以其道得之, 不處也. 貧與賤, 是人之所惡也, 不以其道得之, 不去也.

63) 陳人齊 지음. 1996. 안종수 옮김. 『공자의 학설』. 이론과 실천. 187쪽.

64) 左丘明. 2005. 허호구 등 역. 『國語』. 전통문화 연구소. 85쪽: 夫義所以生利也, (...) 不義則利不阜.

65) 상게서. 313쪽: 夫義者, 利之足也 (...) 廢義則利不立.

게 하는 것이 곧 정의에 적절한 것이다."[66] 등의 언급을 볼 수 있다. 이는 공자가 말한 '이익을 보면 정의를 생각하라(見利思義)'로 요약할 수 있겠다.

정의에 따른 노동이 진정 풍족한 이익을 가져다 줄 뿐만 아니라 윤리적인 노동이 되는 것은 그것이 신분에 따른 차별적 이익을 추구하기 때문이다. 정의로운 노동은 신분이 정한 범위 내에서의 이익을 추구하는 것이고, 그럴 때 윤리적 노동이라 할 수 있다. 신분에 따른 이익의 추구는 각자가 분수에 편안하고 상호 침범하지 않으며 그래서 사회적 안정을 가져올 수 있다. 공자는 신분을 떠나 무차별적으로 이익을 추구하는 노동을 정의롭지 않을 뿐만 아니라 윤리적 노동이라 보지 않았다. 또한 이익의 추구가 정의롭게 되는 노동은 그것이 사욕이 아니라 공적 이익을 우선할 때이다. 노동이 공적 이익에 지향될 때 정의와 이익은 통일을 이루게 된다. 토지에 근거한 자급자족적 자연경제에서는 '보이지 않는 손'이 아니라 道와 義라는 도덕성이 노동을 규제할 때 조화롭고 안정된 사회를 이루게 된다.

4) 신분적 분업에 따른 호혜적 노동

> 樊遲가 농삿일을 배우기를 청하자, 공자께서는 "나는 늙은 농부만 못하다" 하셨다. 菜田을 가꾸는 것을 배우기를 청하자, "나는 늙은 원예사만 못하다" 하셨다. 번지가 나가자, 공자께서 다음과 같이 말씀하셨다.

---

66) 류인희. 1991.「공자를 통해서 본 경제와 정의의 문제」.『철학과 현실』. 철학문제연구소. 175~6쪽에서 재인용: 利義之和也 ... 利物足以和義(좌전, 양공9년).

"소인이구나! 번지여! 윗사람이 禮를 좋아하면 백성들이 윗사람을 공경하지 않는 이가 없고, 윗사람이 義를 좋아하면 백성들이 복종하지 않는 이가 없고, 윗사람이 信을 좋아하면 백성들이 감히 실정[情]대로 하지 않는 이가 없는 것이다. 이렇게 되면 사방의 백성들이 자식을 포대기에 업고 올 것이니, 어찌 농사짓은 것을 쓸 필요가 있겠는가?"[67]

子夏가 말하였다. "온갖 工人들은 공장에 있으면서 그 일을 이루고, 군자는 배워서 그 도를 지극히 안다."[68]

공자는 군자의 일을 소인의 일과 명확히 구분 지었다. 군자의 일은 예, 의, 신과 같은 도덕적 가치를 추구하는 것이고, 소인의 일은 농사일과 채소 가꾸는 일과 같은 물질적 가치를 추구하는 것이다. 이러한 분업이 가능한 것은 도덕적 가치를 추구하더라도 생계를 벌 수 있을 만큼 군자의 일이 전문화되었기 때문이다. 그래서 "군자는 도를 도모하고 밥을 도모하지 않는다. 밭을 갊에 굶주림이 그 가운데에 있고, 학문을 함에 녹이 그 가운데 있는 것이니, 군자는 도를 걱정하고 가난함을 걱정하지 않는다."[69] 공자는 이렇게 군자의 일이 하나의 직업으로 전문화되었을 전제하고 있다.

그런데 공자의 노동관은 군자의 일과 소인의 일이 대립적이라기보

67) 『논어』. 「자로」 4장: 樊遲請學稼. 子曰, "吾不如老農." 請學爲圃. 曰, "吾不如老圃." 樊遲出. 子曰, "小人哉, 樊須也! 上好禮, 則民莫敢不敬, 上好義, 則民莫敢不服, 上好信, 則民莫敢不用情. 夫如是, 則四方之民襁負其子而至矣, 焉用稼?"

68) 『논어』. 「자장」 7장: 子夏曰, "百工居肆以成其事, 君子學以致其道."

69) 『논어』. 「위령공」 31장: 子曰, "君子謀道不謀食. 耕也, 餒在其中矣, 學也, 祿在其中矣. 君子憂道不憂貧."

다는 통합적이며 상호 호혜적인 관계를 추구한다. '百工의 일과 君子의 일' (논어, 자장 7), '謀食의 일과 謀道의 일' (논어, 위령공 32)은 대비되지만 대등한 가치를 지니면서 통합적이다. 義主利從에 따른 직업분화는 군자의 일과 도를 도모하는 일을 우위에 두겠지만 이것이 직업의 귀천을 강조하기 위한 것이 아니다. 오히려 기능적 분화에 강조점이 있다 하겠다. "왜냐하면 '직업분업' 은 생산의 증가를 위한 기본 토대를 구성하는 요건이지만 더 중요한 것은 '부' 의 균형을 통한 올바른 경제 질서, 즉 백성들의 경제적 안정을 통한 사회 질서의 유지에 있기 때문이다."[70] 호혜적 노동은 뒤에 맹자가 '노심자와 노력자', '군자와 야인' (맹자 등문공 상)의 관계로서 보다 명확히 표명한다.

4. 공자의 경제사상과 노동관의 현대적 함의

앞에서 공자의 경제사상을 부민사상, 절검사상, 균분사상으로 정리했다. 그리고 이러한 경제사상을 관통하는 원리는 중용사상이라 보았다. 부민사상은 부국사상에 비하여 볼 때 민본주의적 사상이라 할 수 있겠다. 춘추시대는 각국이 각축을 벌이던 시대였고 따라서 부국강병이 절실히 요구되던 시대였다. 따라서 폭력적 억압과 가혹한 조세를 통한 착취가 횡행했었다. 이에 대해 공자는 '백성들이 이롭게 여기는

70) 전게서. 김철운. 110쪽.

것을 인하여 이롭게 해주어' 자유로운 생산활동을 보장할 것을 주장하였다. 그래서 농번기에 농시를 보장해 주고 산택의 금령을 해제할 것을 제기했다. 그는 자유로운 생산 활동을 보장하는 것만으로도 백성들은 은혜롭게 여길 것이기 때문에 군주는 다른 비용을 소비할 필요가 없다고 했다.

공자의 부민사상은 백성들을 생산의 주체로 인식하였다는 점에서 민주주의적 사상이며, 각자의 이로운 바에 따라 생산할 것과 군주의 비용이 필요하지 않는다는 점(최소한의 통치)에서 자유주의적 사상의 일단을 엿볼 수 있다. 그러나 18세기 서구의 자본가 계급이 주체가 되어 봉건적 경제에 대항하는 자유방임주의 경제사상과는 본질적으로 출발점이 다르다. 공자의 사상은 봉건적 경제체제의 타파와 농민의 자유와 평등을 추구한 민주주의 사상이 아니다. 봉건체제 내에서 백성들에게 경제활동의 자유를 허용하여 백성들을 부유하게 하려는 민본사상이며, 봉건체제의 한계를 벗어나지 못한 제한적 자유주의라 하겠다.

공자는 또한 소비에 있어 절검사상을 주장하였다. 절검사상은 생산력이 낮은 당시의 사정으로 미루어 불가피한 덕목이었다. 그는 삶의 가치를 재화의 소비보다는 안빈락도를 칭송했고, 소비를 할 때에는 절도에 맞게 할 것을 가르쳤다. 공자의 안빈낙도 사상에는 사회경제적 가치인 부에 대한 그의 평가를 읽을 수 있다. 그는 부를 추구하는 것을 부정하거나 평가절하하지는 않지만, 그렇다고 해서 부를 누구나 추구해야할 유일한 가치로 여길 수는 없다고 본 것이다. 공자는 "富를 만일 구해서 될 수 있다면, 내 말채찍을 잡는 자의 짓이라도 내 또한 그것을 하겠다. 그러나 만일 구하여 될 수 없는 것이라면, 내가 좋아하는 바를 따르겠다."[71]라고 했다. 그리고 子夏도 "나(商)는 들으니, 사와 생은 명에 달려 있고, 부와 귀는 하늘에 달려 있다 하였다"라고 했다. 공자와 자하는 모두 부는 자신의 노력으로 얻어질 수 있는 것이 아니라 보았다. 공자나 안회는 부보다 도를 추구하는 것을 노동의 가치로 삼고 있기 때문에 가난에 편안할 수 있었다.

후기 자본주의 사회에서 자본은 끊임없이 욕망을 창출함으로써 소비의 욕구를 부추긴다. 그리고 필요를 소비하는 것이 아니라 허구적 기호나 상징을 소비하는 소비사회가 도래했다. 현대인이 느끼는 빈곤감의 많은 부분은 이러한 허구적 상징소비에 근거를 두고 있다. 그리고 자본주의 사회에서는 모든 가치는 경제적 가치로 환원된다. 자본주의 사회에서 예술적 가치, 윤리적 가치, 진리적 가치까지도 경제적 부의 척도로 평가되고 있다. 공자의 안빈낙도 사상은 경제적 가치 이외에 비경제적 가치, 즉 진리의 가치, 윤리의 가치 등으로도 즐거움을 누릴 수 있음을 지적한 것이다. 공자는 또 절도 있는 소비, 지족적인 소비를 지적했는데 이는 신분에 합당한 소비를 주문한 것이며 오늘날 상징과 기호의 소비로 인한 과소비와 과시소비의 문제에 교훈적이다.

그리고 공자는 분배에 있어서는 균분을 주장하였다. 그의 균분사상은 직접적으로 세금정책을 통해서 그리고 간접적으로는 신분에 따른 분업을 통해 실현하고자 하였다. 공자가 '고르게 한다(均)'는 것은

71) 『논어』. 「술이」 11장: 子曰, "富而可求也, 雖執鞭之士, 吾亦爲之. 如不可求, 從吾所好."

신분에 따라 사회적 역할을 분담을 하며 그 경계를 넘어 침범하지 않아야 한다는 것이다. 군자의 일은 도를 지극히 하여 貴(명예, 권력)를 얻는데 목적이 있고, 소인의 일은 노동하여 富(재력)를 얻는데 목적이 있다. 이에 반해 군자가 부를 추구하거나 소인이 권력을 추구하는 것은 모두 명분에 어긋나는 것이고 무도하고 무질서한 사회는 이러한 사회적 분업에 따른 부귀의 분배에 있어 경계가 허물어졌지 때문이다. 공자는 신분에 따른 다원적 분배를 통해 균분의 실천하고자한 것이다. 보다 직접적인 균분정책은 세금을 줄여 빈부의 격차를 줄이는 것이다.

자본주의 사회의 가장 큰 문제점의 하나는 계층 간의 빈부 격차의 문제라는데 별 이의가 없다. 빈부의 격차는 모든 사회적 가치가 화폐로 일차원적으로 평가되는 자본주의 사회에서는 불가피한 현상이다. 공자는 사회적 가치를 貴의 차원과 富의 차원으로 이원화 하였다. 이렇게 불평등에 대한 평가의 차원과 기준의 명분을 달리함으로써 사회적 인정을 다원화할 수 있음을 말해주고 있다. 자본주의 사회에서 화폐에 의한 물신주의를 극복하는데 유교의 신분 명분주의적 분배사상은 시사하는 바가 많다.

이제 공자 노동관의 현대적 함의를 살펴보자. 첫째, 공자는 생명활동으로서의 본질적 노동을 중시했다. 생산력이 높지 않은 고대사회에서 노동은 일차적으로 생명을 유지하는데 목적이 있다. 공자는 노동이 자신의 생명을 유지하는 활동으로써 자신을 위한(爲己的) 노동이 되도록 해야 한다는 것이다. 국방과 교육은 타인의 지시와 감독에 따라야 한다는 점에서 타인노동 혹은 종속노동이라 할 수 있다.[72] 타인 노동은 자신의 생명활동으로서의 노동을 불가능하게 한다. 현대 자본주의 노동문제의 근본 원인의 하나는 노동이 개인의 생명활동과 무관하게 이루어지는 데 있다. 베블렌은 과시소비 개념을 통하여 자신의 소득이나 부를 다른 사람들에게 보여주기 위해 사치성 재화와 서비스를 소비하는 현상을 설명했고, 마르크스는 상품의 물신화와 노동소외 개념으로 잘 지적하였다. 공자에게 있어 足食의 노동은 개인의 생명을 보장하는 본질적 노동이라 하겠다.

둘째, 공자는 인격적 노동을 지향했다. 인격적 노동은 전문적인 노동으로 노동대상이나 노동의 구매자에 의존하는 노동이라 아니라 덕을 갖추고 자신의 목적에 따라 능동적으로 하는 노동을 말한다. 이는 곧 '제작(poiesis)'에 대한 '실천(praxis)'으로서의 노동이라 할 수 있다.[73] 노동은 단순한 물질적 가치를 생산하는 생산활동에 머물지 않는다. "노동이 인간의 활동이자 실천인 이상, 우리는 '인간의 것으로서의 노동'이란 근거에 입각하여 윤리적 실천이나 예술적 실천 등도 종합적으로 고찰하면서, 사회적 노동을 근본적으로 파악해 내지 않으면 안 될 것이다."[74] 공자의 초인격적인 노동관은 자본주의 사회

---

72) 소유와 노동의 관계에 따라 노동의 유형을 나눌 때, (생산수단을) 소유하는 자가 자기의 계획과 계산아래 노동하는 것을 자기노동이라 하고, 노동만을 가지는 자가 소유하는 자의 지시, 감독하는 바에 따라 노동하는 것을 타인노동 또는 종속노동이라고 한다. 전게서. 『인간과 노동』. 21쪽.

73) 프락시스는 자신의 목적을 위해 사물을 사용하는 활동이며, 포에시스는 질료 자체를 전제로 하여 그것의 성질에 따라, 그 성과인 사물을 사용하는 사람의 목적을 위한 활동이다. 철학자가 자신의 학설의 정확성을 청중에게 설득하는 행위라든가, 정치가가 시민을 설득하는 행위 등이 전자에 속하고, 직인이 재료의 속성과 사용할 사람의 필요와 욕구에 응하여 생산하는 활동이 후자의 예라 하겠다. 전게서. 『노동의 의미』. 29쪽.

의 편협한 노동의 의미를 확장하고 풍부하게 하는데 기여한다.

셋째, 공자는 윤리적 노동을 강조했다. 공자는 노동이 정의(義)에 합당해야 진정한 이익을 얻게 된다고 했다. 서구의 역사에서 볼 때 고대로부터 노동의 본질은 신의 본질과 밀접한 관련을 맺고 있었다. 그러나 칸트에 이르면 노동은 모든 신성한 의미를 벗고 도덕성에 의해 정의되었다. 노동은 행운을 추구하는 과정에서 인간이 겪어야 하는 자연적인 고난이거나 하나의 의무로 여겨지고 있다. 즉 스스로를 부양할 의무, 인척을 부양할 의무, 노동에 기초한 계약의 이행을 부담할 의무 등으로서 여겨지지 않는다는 의미이다. 노동의 가치는 노동이 도덕적 요구에 일치하는가에 따라 결정된다. 이 도덕적 요구는 경제적으로 합리적이고 이성적인 요구와 충돌할 수도 있는데 이때 현시대 노동에 대한 규범적이고 도덕적인 가치의 정립이 요구된다. 자본주의 사회의 노동은 무한 경쟁을 통한 경제적 이익을 얻는 것을 목적으로 한다. 그래서 노동을 통한 자신의 발전이나 도덕적 성장을 도외시한다. 유교에서는 경제적 이익뿐만 아니라 도덕적 성장을 이익으로 여긴다. 그것이 정의롭지 않으면 이익으로 여기지를 않는다는 것이다. 이렇게 정의와 이익을 불가분의 관계로 보는 것은 오늘날 윤리경영 혹은 경영윤리의 중요성이 강조되는 시점에서 시사하는 바가 크다 하겠다.

넷째, 공자는 신분에 따른 호혜적 노동을 강조했다. 칼 폴라니는 오늘 자본주의 사회에의 이른바 '자기조정적 시장경제(self-regulating

---

74) 상게서. 『노동의 의미』. 15쪽.

system of markets)'는 인류 역사에서 예외적이고 특이한 경제체제일 뿐이라고 보고 있다.[75] 물론 폴라니도 재화와 교환이 이루어지는 시장이 인류 역사에서 오래전부터 존재하였다는 사실은 인정한다. 다만 그것이 호혜성(reciprocity), 재분배(redistribution), 교환(exchange) 등과 같은, 경제의 다른 지배적인 통합 유형에 의해 통제·조절되는 방식으로만 존재하였다고 부연한다. 그는 자본주의 등장 이전에 인간의 삶에서 경제는 넓은 범위의 사회적, 문화적 관계에 종속적으로 결합되어 있었을 뿐이라 했다. 그래서 오늘날의 자본주의 경제처럼 시장을 노동, 토지, 화폐에 적용하는 것은 오류일 뿐이라고 지적했다. 유교에서의 노동도 단순히 노동시장의 자기조정적 체계로 설명될 수 없다. 신분에 따른 노동의 분화는 시장의 메커니즘이 아니라 사회 전체의 통합을 전제로 한 호혜성의 차원에서 이루어져 있다고 볼 수 있다.

75) 김재현. 2006.「칼 폴라니, '사회 안에 묻혀 있는 경제'를 말하다」.『법과 사회』31. 348쪽.

참고문헌

『논어』

『맹자』

『중용』

『예기』

『사기』

『시경』

『장자』

『좌전』

『국어』

공안국. 2003. 이민수 역.『공자가어』.「오의해」. 을유문화사.

郭沫若. 1991. 조성을 옮김.『중국고대사상사』. 까치.

김재헌. 2006.「칼 폴라니, '사회 안에 묻혀 있는 경제'를 말하다」.『법과 사회』31.

김기주 · 황지원 · 이기훈 역주. 2003.『孔子聖蹟圖』. 예문서원.

김철운. 2005.「공자와 맹자의 경제 사상」.『양명학』14.

唐凱麟 · 曹剛 著. 2000.『重釋傳統』. 華東師範大學出版社.

류인희. 1991.「공자를 통해서 본 경제와 정의의 문제」.『철학과 현실 9』. 철학문제연구소

巫宝三. 1996.『先秦經濟思想史』. 中國社會科學出版社.

미리 크리스틴 드무르그 지음. 1993. 문재은 옮김.『인간과 노동』. 예하.

사마천. 2002. 김원중 옮김. 『사기열전』. 「태사공 자서」. 을유문화사.
사마천. 1994. 정범진 외 옮김. 『사기 · 본기』. 까치.
사중명. 1998. 『유학과 현대세계』. 서광사.
송영배. 1987. 『중국사회사상사』. 한길사.
오리오 기아리니 · 파트릭 리트케 지음. 1999김무열 옮김. 『노동의 미래』. 동녘.
이종길. 2006. 「中國社會의 土地所有關係에 대한 法制史的 一 檢討 – 秦 · 漢 및 隋 · 唐代를 중심으로」. 『토지법학』 22.
傳樂成. 1998. 신승하 역. 『中國通史』. 지영사.
翦伯贊. 1990. 이진복 · 김진옥 옮김. 『中國全史 上』. 학민사.
左丘明. 2005. 허호구 등 역. 『國語』. 전통문화 연구소.
陳大齊 지음. 1996. 안종수 옮김. 『공자의 학설』. 이론과실천.
淸水正德 저. 1992. 편집부 옮김. 『노동의 의미』. 한마당.
토드 부크홀츠 지음. 2001. 이승환 옮김. 『죽은 경제학자의 살아있는 아이디어』. 김영사.
풍우란. 1999. 박성규 옮김. 『중국철학사 상』. 까치.
何懷宏. 1996. 『世襲社會及其解體』. 三聯書店.

한국불교 노동관의 탈현대적 함의

- 반농반선운동에 나타난 노동관을 중심으로 -

유승무 (중앙승가대학교)

한국불교 노동관의 탈현대적 함의
- 반농반선운동에 나타난 노동관을 중심으로 -

유 승 무 (중앙승가대학교)

1. 서론

인간사회나 개인의 삶에서 재화와 용역을 생산하는 노동은 가장 필수적인 요소 중의 하나, 즉 필연의 영역이다. 문제는 오늘날 현대자본주의사회에서 노동이 소외와 같은 개인적 문제뿐만 아니라 실업과 같은 사회문제를 동반하고 있다는 점이다. 예컨대 1960년대부터 본격적으로 산업화를 추진해 온 결과 이제는 자본주의적인 삶을 살아가는 오늘날 한국인 역시도, 도시생활의 물적 토대를 확보하기 위해 노동을 하지 않을 수는 없지만 여기에도 크게 세 가지의 노동 문제가 있다. 첫째는 자본주의적 생산관계 속의 노동으로 특징지워지는 노동소외의 문제이고 둘째는 자동화 및 정보화로 인한 일자리 감축 및 부족의 문제이며 셋째는 그 결과로 파생되는 현상, 즉 노동이 삶의 질 혹은 행복을 담보할 수 없다는 문제이다. 그렇다면 '어떻게' 이러한 문제를 극복하면서 노동을 할 것인가?

불행하게도 생산성의 관점에서 자본주의원리의 수월성을 강조하고 있는 주류 경제학은 말할 것도 없고 자본주의적 생산관계 속의 노동을 과학적으로 비판하고 노동해방을 추구하는 마르크스주의적 해결책조차도 이제는 우리를 만족시켜 주지 못한다. 게다가 노동소외와 같은 문제는 자본주의적 생산관계의 문제이기도 하지만 노동주체가 노동에 부여하는 주관적 의미 및 태도와 직결되어 있기 때문에 주체의 노동관에 따라 해결의 실천적 노력은 달라질 수밖에 없다. 이렇게 볼 때, 이제 우리는 특정 체제와 노동의 관계와 같은 거시적 문제에 초점을 맞추기보다는 '행위주체가 자신이 수행하는 노동에 대해 어떠한 의미를 부여하는가?' 의 문제 곧 일에 대한 태도 혹은 주체의 노동관에 논의의 초점을 맞출 필요가 있다. 그러나 여기에서 우리는, 노동관에 관한 기존의 주류 사회과학적 이해와는 달리, 서구 근대적 노동관에 초점을 맞추지는 않을 것이다. 그러한 근대적 노동관이야말로 오늘날 노동문제의 근원적인 원인으로 생각되기 때문이다. 오히려 우리는 기존의 근대적 노동관으로부터 과감하게 탈피하여[1], 발상의 전환을 시도해 보고자 한다.[2] 이 글에서 우리는 사상적 차원에서 서구

1) 한나 아렌트(한나 아렌트 저. 2008. 이진우·태정호 옮김. "인간의 조건". 한길사.)는 인간의 활동을 노동, 작업, 행위로 구분함으로써 현대자본주의 사회의 소외된 노동만이 인간에게 가치를 생산하는 유의미한 활동인 것은 아님을 설득력 있게 주장하고 있다.

2) 물론 앙드레 고르를 비롯하여 일부 노동이론가들이 발상의 전환에 대해 자세하게 그 이론적 근거를 제시한 바 있다. 이와 관련된 세세한 논의는 유승무. 2008.「좋은 노동을 위한 발상의 전환」. "노동과 여가에 대한 새로운 담론". 동양사회사상학회 기획학술대회 발표문을 참고하기 바란다.

근대와는 다른 유전자를 가진 불교로 우리의 인식관심을 돌리고자 한다. 물론 유교나 도교 등에도 관심을 기울일 수 있겠지만, 이 글에서는 오로지 인식 관심을 불교에만 국한하고자 한다.

그렇다면 왜 하필 한국불교의 노동관을 대상으로 설정하였는가? 거기에는 몇 가지 이유가 있다. 첫째, 선(禪) 불교 전통을 가진 한국불교에서 발전시킨 노동개념에는 선(禪)과 노동(勞動)의 관계가 잘 나타나 있고, 따라서 노동을 수행의 수준으로 고양시킨 의미구조를 추적할 필요가 있기 때문이다. 둘째, 한국불교의 반농반선(半農半禪) 사례는 우리의 삶 속에서 노동과 선(수행)이 어떻게 동시에 실천될 수 있는가를 보여주는 '대표적인 그러나 결코 흔치 않는' 경험적 사례이기 때문이다. 셋째, 그러한 노동은 소외된 노동이 아니라 주체의 능동적 동기에 의해 행해지는 매우 창조적인 주체적 행위이기 때문이다. 이렇게 볼 때, 비록 반농반선운동이 특정한 시기 한국승가라는 특수한 공동체 속에서 실천된 삶의 방식이라 하더라도, 발상의 전환이 요구되는 이 시대에도 그 탈현대적 함의는 결코 작지 않을 것으로 판단된다.

이 글의 목적은 일제시대 반농반선운동에 나타난 노동관에 초점을 맞추어 한국불교 노동관의 탈현대적 함의를 도출해 보는데 있다. 이러한 목적을 달성하기 위해 우선 붓다는 노동과 수행의 관계를 어떻게 설정하였는지 그리고 그 관계가 역사 · 사회적 조건의 변화와 함께 어떻게 변화해 왔는지를 살펴 본 다음, 노동과 수행의 관계라는 관점에서 한국불교의 반농반선운동의 사례를 구체적으로 검토하고, 마지막으로 이른바 반농반선운동의 탈현대적 함의를 도출해 보고자 한다.

2. 반농반선운동의 전사(前史): 노동-수행 관계와 그 전개

2.1 붓다의 실험[3]: 노동과 수행의 분리

붓다는 출가자의 정신노동에 대한 사회적 인정투쟁(認定鬪爭)에서도 승리한 바 있고[4] 그 승리로 말미암아 불교는 오늘날까지도 출가자 공동체인 승가를 잘 발전시키고 있다. 그리고 이러한 붓다의 승리는 오늘날 한국불교에 이르기까지 지속적인 영향을 미치고 있다. 한국불교의 반농반선운동에 대한 충분한 논의를 위해서도 붓다의 실험에서 논의를 시작하지 않을 수 없다.

주지하듯이 불교는 노동을 업(業)의 개념으로 파악한다. 불교에서 업의 개념은 일단 발생하면 절대로 그냥 소멸하지 않고 반드시 그 결과를 낳는다는 인과응보(因果應報)의 개념이다. 그리고, 이러한 업의 논리를 연기법(緣起法)의 이치에 따라 해석하면, 업의 결과는 행위자 자신은 물론 그가 포함되어 있는 전체사회에도 반드시 영향을 미친다. 그렇기 때문에 불자들은. 만약 그들이 이러한 업의 원리와 내용을 내면하고 있다고 전제한다면, 한편으로는 스스로 번뇌를 소멸시키는 수행을 실천해야 하면서도 다른 한편으로는 공업(共業)을 관리하기 위해 악업(惡業)을 줄이고 선업(善業)을 증장하는 노력을 해야 할 당위를 갖는다. 우리가 불제자로 하여금 자신의 행위에 대한 도덕적 책

3) 이에 대한 논의는 유승무(앞의 책. 2008)에서 이미 일부 전개한 바 있는데, 이 논의를 그것과 연관시켜 보면 그 함의는 더욱더 넓어질 것이다.

4) 이에 대해서는 나중에 자세하게 논의할 것이다.

임을 행위자 자신에게 정당하게 물을 수 있을 뿐만 아니라 계율 준수 및 자비행의 의무를 갖도록 강제할 수 있는 것도 궁극적으로는 그 때문이다. 한편 불교의 모든 활동이 궁극적으로는 해탈을 지향해야 하듯, 불교사상적 관점에서는 노동의 목적도 불교의 궁극적 목적 즉 해탈을 지향해야 한다.(정영근, 1998) 이렇게 볼 때, 불교의 노동은 보상 따위의 번뇌로부터 자유로운 무주상(無住相) 활동이어야 할 뿐만 아니라 그 자체가 수행의 일부로 간주되어야 한다. 요컨대 불교의 노동은 개인적으로나 사회적으로 선한 결과를 낳는 행위여야 하며, 교환의 가치를 지니는 생산적 노동이지만 화폐로 측정할 수는 없는 노동일뿐만 아니라 물질적 측면과 정신적 측면을 모두 포함하고 있다.

그렇다면 붓다는 이러한 노동을 어떻게 현실 사회 속에서 실현해 나갔는가? 붓다가 채택한 방법은 노동의 주체를 정신노동과 육체노동으로 양분한 다음 그 두 주체가 불가피하게도 결합하지 않을 수 없도록 하는 것이었다. 다시 말하면 붓다는 출가자에게는 주로 정신노동을 전담하게 하고 재가자에게는 육체노동을 담당하게 한 다음 법시(法施)와 재시(財施)를 교환하도록 의무화함으로써 양 측이 모두 자신의 결핍을 상대에게서 충족하도록 하는 방안을 실천할 수 있도록 기획하였다. 그 결과 양측의 관계는 이해대립이라는 갈등의 관계가 아니라 상호 복전(福田)의 관계 그리고 상호 보은(報恩)의 관계를 가진다. 게다가 붓다에게 있어서 정신노동과 육체노동은 모두 동등한 가치를 가지고 있었고 화폐의 매개 없이 직접 교환될 수 있었다. 심지어 붓다는 출가자가 하는 수행생활을 일종의 노동으로 생각했다. 경전(耕田)이란 경에서, 붓다는 자신을 농부로 자처하기까지 하고 있다. 농부는 농부되 토전(土田)을 가꾸는 농부가 아니고 심전(心田)을 가꾸는 농부다.[5)]

그러나 정치사회적 차원에서 보면 출가자의 수행을 일종의 노동으로 인정받는 데에는 일정한 방식의 인정투쟁이 필요했는데, 붓다는 이러한 인정투쟁에서 승리하였다. 다음의 일화를 보자: 어느 날 걸식을 나간 붓다에게 한 바라문은 자기 자신에게 필요한 것을 스스로가 노동해서 얻지 않는 행위는 바람직하지 않다고 비난했다. 이에 붓다는 그에게 다음과 같이 말했다. '믿음은 종자요, 고행은 비이며, 지혜는 내 멍애와 호미, 뉘우침은 괭이자루, 의지는 잡아매는 줄, 생각은 내 호미 날과 작대기, 몸은 근신하고 말은 조심하며 음식을 절제하며 과식을 하지 않소. 나는 진실을 김매는 것으로 삼고 관용이 내 멍애를 떼어 놓소. 전진은 내 황소, 나를 열반의 경지로 실어다 주오. 물러남이 없이 앞으로 나아가는 곳에 이르면 근심걱정이 사라지오. 내 밭갈이는 이렇게 이루어지고 단 이슬(열반)의 과보를 가져오는 것이오. 이런 농사를 지으면 온갖 고뇌에서 풀려나게 되지요.' 이 게송을 들은 그 바라문은 '밭을 잘 가십니다. 고오타마시여'라고 하면서 붓다 역시 자기와 같은 농부라는 것을 인정했다.[6)]

이렇듯 인정투쟁을 통하여 붓다는 출가자의 수행조차 노동으로 인정받는데 성공하였다. 무력동원이나 물질적 이해관계의 관철과 같은

---

5) 호진. 1988.「불교의 노동관」.『불교에서 본 인생과 세계』. 홍법원.

6) 호진. 1988. 앞의 책.

형식을 띠는 투쟁과는 달리 사회적 인정투쟁은 도덕적 형식을 띠는 사회갈등이라는 점[7]을 고려하면, 이러한 승리는 붓다의 노동 개념이 당시 사회에서 도덕적 우위를 인정받았음을 의미한다. 그리고 이러한 승리의 결과, 이제 인간사회는 노동의 범위를 인간 자신의 심성 수련이라는 범위까지 매우 넓게 확장할 수 있게 되었을 뿐만 아니라 그것마저도 도덕적으로 정당화되었다. 또한 출가자의 정신노동의 산물은, 화폐의 매개 없이 법시(法施)의 형태로, 재가자의 육체노동의 산물인 재시(財施)와 동등하게 교환될 수 있었다. 나아가 여기에서 출가자는 세속(자본)의 요구로부터 자유로움을 상징하고 재가자는 세속적 조건 속에서의 삶을 상징하고 있는데, 양자의 관계 즉 출가자의 육체노동과 재가자의 정신노동의 관계는 악어와 악어새의 관계처럼 공생관계를 형성한다.

그러나 출가자들이 공동생활을 하면서 모든 것을 자급자족해야 하는 대승불교의 총림(叢林)생활에서는 이러한 노동분업이 더 이상 의미를 갖지 못한다. 설상가상으로 업의 논리에 따르면 출가자는 생산적 노동을 할 수 없지만 자급자족하지 않을 수 없는 총림의 사회경제적 조건을 고려하면 출가자라도 생산적 노동을 하지 않을 수 없는 모순이 발생한다. 백장선사는 이러한 모순을 선의 논리로 해결함으로써 이후 선불교권 국가에서 초기 불교 노동개념의 대승불교적 합리화에 결정적인 역할을 하였다.

7) 악셀 호네트. 1996. 문성훈 옮김. 『인정투쟁』. 동녘.

2.2 백장(百丈)선사의 노동선(勞動禪)

불가에서 승가는 삼보의 하나로 불교 교리의 가장 중요한 담지자(trager)이다. 그러나 승가의 생활이 다양한 삶의 조건에 적응함에 따라 역사적으로 다양하게 전개되지 않을 수 없고, 따라서 승가구성원은 물론 불자의 행위와 관련된 규정과 그 해석도 변화를 겪을 수밖에 없었다. 이러한 상황에 직면하여 대승불교의 총림에서는 붓다가 정한 계율을 변화시키기 보다는 별도의 청규[8](여기에서 청규란 바로 백장선사가 정한 백장청규를 말한다)를 규정하여 이러한 필요성에 대응하였다. 노동 관련 규정이 청규에 포함된 이유다.

붓다의 노동관련 청규 특히 붓다의 실험은 출가자가 걸식에 의해 승원생활을 유지하는 조건 속에서 만들어 진 것이기 때문에, 걸식이 불가능하여 승가공동체의 삶에 필요한 것을 자급자족해야 하는 승가생활에는 적용할 수 없는 상황이 발생할 수 있다. 남방불교와는 달리 승원생활에 필요한 모든 것을 자급자족해야 하는 총림생활을 할 수밖에 없었던 중국의 선불교는 그 대표적인 사례였다. 실제로 초기불교의 계율에서는 출가자가 토지를 개간하는 것이 금지되어 있었지만 중국 선불교에서는 출가자도 농사를 짓기 위해 토지를 개간하지 않을 수 없었다. 백장선사의 노동선 개념은 이러한 딜레마를 해결할 수 있는 개념적 장치였다.

---

8) 청규(淸規)란 특정한 집단에만 적용되는 별도의 원규(院規)로서 출가자 공동체인 대승불교의 총림에서 만들어졌으며, 오늘날까지도 한국불교 등 동아시아불교의 승가공동체의 전통으로 이어지고 있다.

백장 선사의 어록에는 다음과 같은 내용이 기록되어 있다[9]: 『문건대 '풀을 베고 나무를 자르고 땅을 파고 토지(土地)를 개간(開墾)한다면 죄보(罪報)의 상(相)이 있다고 할 것인가 아닌가?' 사(師)가 말하기를 '결정코 죄가 있다고는 말할 수 가 없다. 또 결정코 죄가 없다고도 말할 수 없다. 유죄(有罪) · 무죄(無罪)의 일은 당자(當者)에게 달려 있다. 만약 일체유무등(一切有無等)의 법(法)에 탐염(貪染)하여 취사(取捨)의 마음이 있어서 삼구(三句)를 꿰뚫은 것이 아니라면 이 사람은 결정코 죄가 있다고 말하리라. 만일 삼구(三句)의 밖으로 나아가 심중(心中)이 허공(虛空)과 같고 또 허공의 상(想)을 하는 일도 없다면 이 사람은 결정코 죄가 없다고 하리라』.

이 인용문에서 알 수 있듯이, 백장선사에 따르면 어떤 일이라도 행위자 자신이 어떠한 상에 대해 집착을 가지는가 혹은 그렇지 않은가 즉 행위자의 동기가 매우 결정적인 조건이지 일 그 자체는 중립적인 의미를 가지는 것이다. 이러한 선불교에 따르면 일조차도 그에 대한 집착을 떠날 경우 즉 시장을 통한 상품생산과 같이 이윤을 전제하는 노동이 아닐 경우, 그 일은 죄 혹은 악업으로 남지 않는다. 때문에 비록 출가자였지만 선사들은 땅을 개간할 수 있었다. 나아가 선불교에서는 노동(勞動)에서부터 잡역(雜役)에 이르기까지 그 모두가 좌선수도(坐禪修道)와 다르지 않는 것으로 간주되었고, 선당(禪堂)에서 좌선을 하고 불전(佛前)에서 예배하는 일만이 참된 불도(佛道)라고

9) 宮林昭彦. 1976.「僧院에 있어서의 勞動과 生産의 問題」.『佛教와 現代世界』. 동국대학교.

제한되어 있지 않는다는 주장들이 쏟아져 나왔다. 저 유명한 마조도일(馬祖道一)의 "平常心是道", 즉 "평상심(平常心)이 곧 도(道)"라는 주장은 그 대표적인 예이다. 결국 노동과 수행의 관계가 여기까지 전개되는 순간 노동선(勞動禪) 개념의 탄생은 필연적인 것이었다.

노동선의 개념은 백장선사의 다음과 같은 표현에서 가장 잘 드러난다.[10] "선종에는 작무(作務)라고 해서, 뜰청소는 물론 취사, 추수, 밭일 등 대개 선원에서 필요한 노동을 납자들이 스스로 이에 해당하는 소임을 사는 것이 예로부터의 풍습이다. 이것은 한 사찰의 경제상의 필요에 의한 것이지만, 선원의 이와 같은 노동은 결코 단순한 경제적인 문제만은 아니다. 그 노동 자체에 큰 의미가 있기 때문이다." 이 인용문에서 알 수 있듯이 선사들의 노동은 그 자체가 목적이지 결코 이윤추구의 수단이 아니었다. 이는 선사들이 노동에서도 해탈에 이르는 길을 발견할 수 있음, 즉 선농일치(禪農一致)를 의미한다.[11]

이러한 의미의 전화(轉化)[12]를 겪고 나자, 이제 총림에서는 노동이 모든 수행자에게 필수의 일로 굳어지게 되었다. 백장선사의 저 유명한 '一日不作 一日不食'은 이를 잘 말해주고 있다. 실제로 백장선사는 자기 자신이 노동에 매우 힘썼고, 저 유명한 말이 탄생된 것도 백장 선사가 일을 선사의 필수사항으로 간주하고 있었음을 잘 말해준

---

10) 秋山範二. 昭和 41年.「禪と行爲, 勞動」.『佛教とマルキシズム』. 創元社.

11) 이에 대한 자세한 논의와 문헌적 근거는 정성본. 1999.「선불교의 노동문제」.『대각사상』 2. 대각사상연구원을 참고하기 바란다.

12) 선불교 연구자로 잘 알려진 정성본(1999. 앞의 책)은 '당대의 조사선에서는 매일 매일의 육체노동을 통해서 새로운 종교생활을 깨닫고 확립하게 하는 불교의 혁신적인 종교개혁을 이룬 대전환'으로 표현하고 있다.

다.[13] 급기야 백장선사가 총림생활을 규정하는 일종의 원규(院規)인 청규(淸規)를 규정하는데 이러한 노동관을 포함시켰고, 그 청규가 중국은 물론 한국불교와 일본불교에도 전파되어 그대로 실행되었다.

이러한 전통이 오늘날 한국불교에서 출가자가 사찰에서 필요한 소임이나 일상적인 울력뿐만 아니라 농업노동이나 심지어 경제활동까지도 윤리적 제약 없이 수행할 수 있는 근거가 되었고 나아가 한국불교의 반농반선 개념 탄생의 의미 맥락을 형성하였다. 그러나 이는 반농반선 개념이 노동선 개념으로부터 또 다시 의미의 반전을 겪은 다음 탄생된 개념임을 시사하며 동시에 반농반선과 노동선 개념은 결코 동일한 개념이 아님을 의미한다. 이에 아래에서 우리는 한국불교의 반농반선운동을 통해 이를 구체적으로 드러내 보고, 그 탈현대적 함의를 논의해 보고자 한다.

3. 반농반선운동의 경험적 사례

3.1 반농반선운동의 태동 맥락과 목적

'반농반선'이란 개념은 출가자들이 농사도 짓고 선수행도 실참한

13) 이를 정성본(1999. 앞의 책.)은 청규에서 규정한 보청법(普請法), 즉 사원의 모든 대중이 의무적으로 생산노동에 참여해야 하는 보청법은 방장인 주지부터 행자에 이르기까지 사찰에 거주하고 있는 전 대중이 한 사람도 빠짐없이 평등하게 참여해야 하는 의무노동의 법규로 해석하고 있다.

다는 '선농겸수(禪農兼修)'의 개념으로서 초기불교의 '선농분업(禪農分業)'과도 다르지만 중국선불교의 '선농일치(禪農一致)'와도 다른 개념이다. 이 개념은 일제 이후 한국불교계에서 가장 활발하게 주장되고 또 논의된 독특한 개념이다.

그렇다면 반농반선의 개념은 왜 해방전후 한국불교에서 탄생할 수밖에 없었는가? 실상 초기불교에서부터 중국불교에 이르기까지 '무위도식(無爲徒食)의 무리'라는 비난은 출가자에 대한 낙인 중 가장 집요한 것들 중 하나였다. 그 때문에 이미 붓다 재세시 한 브라만의 비난에 대해 붓다가 마음 밭(心田)을 경작한다는 논리로 적극적 변론을 시도하였고, 중국불교 총림에서 백장선사가 보청법(普請法)에서 생산노동을 의무화한 것도 세간의 부경부직(不耕不織)에 대한 비난을 돌파하려는 목적이 깔려 있었다.[14] 문제는 전체사회의 사회경제적 조건이 악화되고 대중들의 삶의 물질적 조건이 악화될수록 이러한 비난은 확산되고 그 강도도 심해진다는 것이다. 심지어 국가경제가 어려워지면 국가의 최고 통치자나 사회지도층이 직접 출가자들에게 무위도식의 비난을 덧씌우거나 탄압하여 세수를 확보하기도 한다. 주지하듯이 조선시대 한국불교야말로 그 대표적인 사례이다. 이렇게 볼 때, 반농반선의 개념이 유독 일제시대 한국불교에서 탄생된 이유를 추론하기란 어렵지 않다. 다음과 같은 만해(卍海)의 말에 그 해답이 숨어 있다.

"진실로 생산이 없으면 세계가 혹은 파괴되기도 하고 한 나라가 혹은

14) 정성본. 1999. 앞의 책.

망하기도 하고 개인은 개인대로 살수 없는 판국이다. 사람과 생산의 관계는 고기와 물의 그것과도 같다.(중략) 사람도 이와 같아서 놀면서 의식(衣食)을 남에게 의존한다는 것은 자신을 망치는 길일 따름이다.(중략) 우리들이 길이 전일의 구속을 벗어 던지고 사람 고유의 인권을 회복하고자 할 것 같으면 무엇보다도 스스로 생산하여 자활(自活)할 필요가 있는 것이니, 굴욕의 원인을 제거한다면 누가 능히 조금이나마 능멸할 수 있겠는가."[15]

위 인용문이 일제시대 대표적 독립운동가이자 선사였던 만해(卍海)가 한국불교의 잘못된 관행이나 폐단을 유신하기 위해 집필한 『조선불교유신론』의 일부 내용이란 점을 고려하면, 당시 한국불교가 사회로부터의 비난받은 직접적인 원인은 생산하지 않는 것(당시 세속에서는 이를 무위도식으로 인식했을 가능성이 있었다)이었고 그렇기 때문에 이는 바르게 고쳐져야 할 대상이었다. 또한 만해가 당시 약육강식의 논리를 내장하고 있는 사회진화론을 수용하고 있었다는 사실을 고려한다면,[16] 그리고 실제로 일제시대를 경험한 한국 지식인들 사이에서는 이러한 사회진화론의 논리가 매우 강한 설득력을 가지고 있었다는 사실을 고려한다면, 사회적 비난은 강자의 먹이 곧 죽음으로 인식되기 십상이었다. 이렇게 볼 때 일제시대 생산(노동)은 살아남기, 자활, 발전 등과 동일시된 개념이었다. 반농반선운동은 바로 이러한 시대적 · 사상적 맥락 속에서 태동된 것이다.

---

15) 만해사상실천선양회. 2000. 『조선불교유신론』. 장승.

16) 만해의 불교유신론과 사회진화론의 관계에 대한 논의는 유승무. 2004. 「사회진화론과 만해의 사회사상」. 『동양사회사상』 8. 동양사회사상학회를 참고하기 바란다.

실제로 반농반선운동은 당시 한국불교가 일제의 침탈로 인한 대중들의 사회경제적 어려움과 그로 인한 세속의 비난을 돌파하고 나아가 한국불교를 더 발전시키기 위해 고안한 방안이었다. 일제시대 대표적인 불교잡지인 『佛教』지에 실린 김만태의 기고문[17] 즉 「佛教靑年들아 農工業에서 佛을 찾아라」라는 글에서, 그 첫 번째 이유로 '승려는 유식민(遊食民), 사회의 해독자인 기생충을 면하기 어렵다'는 우려를 제시하고 있는데, 이는 걸식이 유행하던 당시 출가자에 대한 세상의 비난이 어느 정도였는가를 가히 짐작할 수 있다. 오늘날 한국불교의 출가자들 사이에서 '밥도둑' 혹은 '밥값 했다'는 표현이 존재하는 것은 아직까지도 한국불교가 그러한 낙인으로부터 자유롭지 못함을 방증하고 있다. 그러나 반농반선운동의 목적이 오로지 세속의 비난을 돌파는 데에만 있었던 것은 아니다. 그 외에도 반농반선운동의 목적은 농촌을 계몽한다는 대사회적 목적, 불교를 대중화한다는 종단(불교집단)적 목적, 그리고 승려 개개인의 생활 상태를 개선하려는 목적 등을 포함하고 있었다.[18]

그러나 우리의 인식관심은 반농반선운동의 내재적 논리, 즉 노동과 선수행의 관계가 어떻게 설정되어 있었는가에 놓여 있다. 그러나 그 설정의 방식은 물론 그 실천이 사례별로 조금씩 다르기 때문에 아래에서는 몇몇 대표적인 사례만 살펴보고자 한다.

---

17) 이에 대한 자세한 논의는 김광식. 1999. 「백용성의 선농불교」. 『대각사상』 2. 대각사상연구원를 참고하기 바란다.

18) 김광식. 1999. 앞의 책.

3.2 반농반선운동의 대표적 사례

(1) 백용성(白龍城)의 화과원(華果院) 선농사업[19)]

백용성은 3 · 1 운동 33인 중 한 사람으로서 일제시대 민족지도자였을 뿐만 아니라 임제종운동을 펼치고 대각교운동을 펼친 선사(禪師)이기도 하다. 특히 반농반선운동과 관련해서도, 백용성은 1927년부터 약 10여년 간 경남 함양의 백운산과 중국 간도의 용정에서 선농불교(禪農佛敎)를 실천했던 대표적인 인물이다.

실제로 백용성은 중국 길림성 용산동에 '수천일경(數千日耕)' 토지를 매입하여 불교인들로 하여금 자급자족하게 하였는데, 박용하(이운허)는 이를 반농반선의 효시라고 언급하고 있다.[20)] 또한 백용성은 경남 함양에서 수 만평을 매입하여 화과원(華果院)을 설립하고 선농사업을 시작하였다. 그렇다면 당시 한국불교의 대표적인 선승이었던 백용성이 왜 선농사업을 실천하게 되었는가?

> "따라서 今後(금후)는 信徒(신도)의 力(역)에 依賴(의뢰)하여 生活(생활)해 가려고 한다면 매우 잘못된 것이다. 今後(금후)의 僧侶(승려)는 모름지기 스스로 勤勞(근로)하여 스스로 먹는, 소위 自己(자기)의 力(역)으로써 生活(생활)한다는 精神(정신)을 가져야 한다."[21)]

---

19) 백용성은 반농반선활동을 '선농'으로 표현하였기에 그의 표현을 살려 선농사업으로 표시하였다. 그리고 이 부분과 관련된 역사적 사실 관련 자료는 불교사학자 김광식(1999. 앞의 책)에 대부분 의존하였다.

20) 김광식. 1999. 앞의 책.

"그러나 余(여)가 此(차)를 自矜(자긍)하는 것은 안이다. 吾人(오인)은 累代(누대)로 오며 寺院土地(사원토지)와 私有財産(사유재산)이 有(유)하니 急速(급속)히 農業(농업)에 힘쓰며 分數(분수)대로 梵行(범행)을 가지며 豫定(예정)을 堅修(견수)하며 念佛(염불) 持呪(지주) 看經(간경)을 行(행)할 것이며..."[22]

위의 두 인용문을 종합할 때 잘 드러나듯이, 백용성은 당시 승려들이 더 이상 걸식으로 생활할 수 없는 지경에 이르렀음을 인식하고 그 대안으로 승려들이 농사를 직접 짓도록 하기 위해 선농사업을 펼쳤음을 알 수 있다. 그러나 선수행이란 본분사를 게을리 할 수 없었기 때문에, 현실적으로는 반농반선을 겸수할 수밖에 없었던 것이다. 이렇게 볼 때, 백용성의 반농반선운동 사례는 그러한 현실적 필요에 부응한 일종의 시무책(時務策)이었다.

백용성이 당시 한국불교를 대표하는 선사였다는 점을 고려하면, 백용성의 반농반선운동에는 당시 한국선불교 고유의 노동관이 포함되어 있었음을 알 수 있다. 실제로 위 인용문에 나타난 노동관은 백장선사 이래의 노동선, 즉 노동이 곧 선인 노동선 개념과는 다르기 때문이다. 게다가, 이후 사례들이 계속 보여주는 바이지만, 이러한 노동관은 백용성만이 가졌던 유일하고 독특한 것이 아니라 당시 한국선사들이 공통적으로 갖고 있었던 보편적 노동관이었다. 백학명의 사례를 보자.

---

21) 『조선불교』 79호 (김광식(1999. 앞의 책)에서 재인용).

22) 김광식. 1999. 위의 글.

(2) 백학명의 내장선원 반농반선사례

백학명은 용성, 만해와 더불어 1900년부터 1920년대까지 한국불교계를 대표하는 지도자였을 뿐만 아니라 용성이 結社(결사)한 活句參禪(활구참선) 萬日會(만일회)의 會主(회주)로 활동하기도 하였고 만암(宋曼庵)과 백양사를 중창하여 선수행을 함께 하기도 한[23] 근대 한국불교의 대표적 선사중의 한 사람이다. 특히 생산을 강조한 만해와 친분을 가졌고 당시 대표적인 반농반선 주창자들인 용성 및 만암과 선수행 부흥운동을 함께 했다. 이는 백학명 역시 당시 반농반선운동을 주도한 선사임을 의미한다.

실제로 백학명은 1923년 내장사를 중건하고 내장선원을 운영하면서 반농반선운동을 실천하였다.[24] 아래의 내장선원규칙에서 확인할 수 있듯이, 백학명은 그 누구보다도 철저하고 치밀하게 반농반선운동을 전개하였기 때문에, 그의 사례는 반농반선의 구체적인 양상을 확인함에 있어 결코 빼놓을 수 없다.

< 內藏禪院規則 >

一. 禪院의 目標는 半農半禪으로 變更함.
一. 禪會의 主義는 自禪自修하며 自力自食하기로 함.
一. 會員은 新發意나 新出家를 모집함. 但 久參衲子도 勤性이 有한 이

---

23) 김병학. 2007. 「백학명의 반선반농운동의 통해 본 불교개혁이념」. 『종교연구』. 한국종교학회을 참고로 정리한 것임.

24) 김광식. 1999. 앞의 책; 김병학 2007. 위의 책을 참고로 정리한 것임.

는 選入함.

一. 略

一. 叢林의 正規를 依하야 衣食을 圓融으로 함.

一. 日用은 午前 學問, 午後 勞動, 夜間 坐禪 三段으로 完定함.

一. 冬安居는 坐禪爲主, 夏安居는 學問과 勞動爲主로 함.

一. 梵音은 時勢에 適合한 淸雅한 梵唄를 學習하며, 또 讚佛, 自讚, 回心, 還鄕曲 等을 新作하야 唱 하기로 함.

一. 破戒, 邪行, 懶習, 其他弊習은 一切嚴禁함.[25]

위의 인용문에서 알 수 있듯이 내장선원규칙은 제 1 항목의 목표에서 뿐만 아니라 제 2 항목, 즉 선원 모임의 원리를 반농반선으로 명시함으로써 반농반선의 확고한 의지를 표명하고 있으며, 제 6 항목에 나타난 일용, 즉 오전에 학문하고 오후에 노동하며, 야간에 좌선한다는 활동 시간표와 제 7 항목, 즉 동안거는 좌선위주이지만 하안거는 학문과 노동위주로 함이라는 항목은 내장사의 반농반선 생활을 구체화하고 있는 항목으로써 실제 내장사 선원이 어떻게 운영되었는지를 잘 보여주고 있다. 비록 백학명 선사 이후 내장사 선원의 규칙이 바뀌긴 했겠지만, 위의 규칙만으로도 우리는 반농반선운동에 나타난 한국불교 고유의 노동관을 매우 구체적으로 확인할 수 있다.

(3) 송만암의 백양사 반선반농사례[26]

송만암은 일제시대와 해방직후에 이르는 시기 한국불교를 대표한

25) 김광식. 1999. 앞의 책; 김병학. 2007. 앞의 책.

26) 송만암은 반농반선을 '반선반농'으로 표현하였기에 그의 표현을 그대로 표시하였다.

선지식이었다. 송만암은 백양사를 중건하였을 뿐만 아니라 중앙불교전문학교(동국대학교 전신)의 교장으로 재직하고 정광고등학교를 설립하여 이사장으로 재직하는 등 교육사업을 활발하게 전개하였고 해방직후에는 대한불교 교정 및 대한불교조계종 종정으로서 정화운동의 한 축을 담당하기도 하였다.[27] 그러나 송만암이 반농반선운동을 직접적으로 실천한 곳은 백양사였다.

> "尊師는 特히 自給自足의 理念을 세워 寺內의 僧侶와 信者로 하여금 養蜂의 講習과 草鞋의 製造며, 竹器의 講習 등을 奬勵하셨으며 自耕을 實施하여 半禪半農의 制度를 計劃實現하심에 盡力하시었다(曼庵文集)."

아래의 승규(僧規)는 백양사 문중 내에서 실제로 강력한 규정력을 가졌던 일종의 원규였다.

> <示 衆>
>
> 今番에 比丘衆의 突起가 偶然한 事가 아님을 徹底히 覺悟하고, 그에 對한 方策을 講究함에 本人의 意見으로서는 寺刹의 淨化는 勿論이거니와 우리 僧侶가 自肅의 精神으로 半禪半農主義를 實踐하여, 世論에 寄生蟲의 非難을 退治하는 동시에 吾教 新生의 路線을 定함에 在하다.

27) 비구-대처간 분쟁과 분종으로 귀결된 정화운동사에서 송만암의 중재안, 즉 독신 수행승과 대처 교화승의 역할분담론은 실제로 매우 유의미한 실천적 함의를 내포하고 있었다.

僧規

一. 僧侶는 必히 和同標幟를 解明할 事.

一. 僧侶는 寺刹이나 布敎堂의 責任을 特할 時에 家計가 有하다면 理論化 精神에 基하여 同家眷의 分居를 徹底히 實行할 事.

一. 於家眷分居處에 佛壇을 置하여 恒時로 佛恩을 感케 함에 每空日에는 寺院이나 布敎堂에 參拜케 할 事.

一. 韓國佛敎는 원래 人乘的 見知에 基因하여 自己 修養에만 限함이 아닌지라 半禪半農主意(修養 努力)을 一般的으로 普及케 하여 民族의 示範을 作할 事.

一. 本 宗團의 紛爭이 如斯히 達함에 際하여 於幾項의 僧規는 廢不得之事인즉 만약 本寺僧侶로 此에 等閒할 時는 何某를 勿論하고 除籍處分을 實行할 事.

一. 本寺 宗務所로는 於僧規를 印刷하여 一般 僧侶에게 一件式 配付할 事.(曼庵文集)

이상의 내용은 송만암이 작성하여 백양사 및 그 말사 소속 승려들이 실천하도록 강제한 승규이다. 첫번째 항은 종단분규의 화동을 시도한 사항으로서 이는 반농반선운동도 화동이 전제되어야 가능한 일임을 시사한다. 제 2 항과 제 3 항은 대처 교화승에게 매우 구체적인 대처방안을 제시한 것으로서 독신 수행승과 대처 교화승의 역할분담론에 입각한 발상으로 보인다. 그리고 제 4 항은 반농반선의 실천운동을 규정하고 있는 사항이며, 제 5 항과 제 6 항은 이를 실천하고자 하는 분명한 의지를 강력하게 천명한 내용을 담고 있다.

이렇듯 송만암이 선농불교운동을 펼쳤다는 사실은 다음과 같은 두 가지 중요한 함의를 지닌다. 하나는 송만암의 해방이후 활동시기에서 유추할 수 있는 사실로서 반농반선운동이 일제시대를 넘어 해방이후까지 이어졌다는 사실을 확인시켜 주고 있다. 다른 하나는 송만암이 한국불교에서 차지한 사회적 지위(종정)에서 유추할 수 있는 사실로서 반농반선운동이 일부지역에만 국한된 운동이 아니라 전국적으로 영향력을 미친 운동이었다는 것이다. 이상의 논의를 종합해 볼 때, 반농반선운동에 나타나는 선농겸수의 특징이야말로 한편으로는 일제시대 이후 한국불교에서 보편적으로 존재했던 노동관이면서도 다른 한편으로는 한국불교의 고유한 노동관이었을 잘 알 수 있다.

4. 반농반선 노동관의 탈현대적 함의

4.1 반농반선 노동관의 특징

앞 장의 백학명의 사례에서 분명하게 알 수 있었듯이, 반농반선은 노동분업이 아니라 한 사람이 하루 생활을 3 등분하여 노동, 학문, 선수행을 모두 실천하는 삶으로서 정신노동과 육체노동간 노동분업 혹은 구상과 실행의 분리와도 다르며 백장청규의 노동선 혹은 선농일치 개념과도 다르다. 반농반선에서 선과 노동의 관계는 무관한 관계도 아니지만 동일한 것도 아니다. 오히려 반농반선은 다기능복잡활동이다. 그렇다면 반농반선에 포함된 노동관은 어떤 특징을 지니는가?

첫째, 반농반선 노동관의 노동시간은 매우 짧은 특징을 지닌다. 백학명의 내장선원 청규를 보더라도 노동시간은 오후 시간에 한정되어 있으며, 기껏해야 4 (노동)시간에 불과한 노동이다. 이러한 노동시간은 이른바 '9 to 5'로 대표되는 근대적 노동시간뿐만 아니라 전근대적 농업노동시간에 비해서도 턱없이 짧다. '게으를 수 있는 권리'를 선포한 폴 라마르크가 '하루에 세 시간만 일하고, 나머지 낮과 밤은 한가로움과 축제를 위해 남겨두는 습관을 들여야 한다'[28]고 주장할 때의 노동시간만큼 짧다. 이렇듯 반농반선 노동이 짧은 노동시간을 갖고 있기 때문에 그 누구라도 고통이나 소외를 느끼지 않으면서 매일매일 즐겁게 반농반선 노동에 참여할 수 있다.

둘째, 반농반선 노동관에서 노동은 선수행 및 학문 활동과 불이적 관계를 가진다. 총림은 선수행을 위한 출가자 공동체라는 점에서 선수행이 노동을 포함한 총림생활의 목적이지만 동시에 남방불교와는 다른 사회경제적 조건 속에서 수행하기 위해서는 총림생활이 전제될 수밖에 없기 때문에 수행조차도 노동을 포함한 총림의 유지에 종속되지 않을 수 없다. 이렇게 볼 때 반농반선 노동에서 노동과 수행의 관계는 상의상관적 관계, 즉 노동은 수행에 종속되지만 수행 또한 노동에 종속되지 않을 수 없는 관계를 갖는다. 그런 이유로 반농반선 노동은 경제적 의미를 가지기도 하지만 수행의 의미를 포함 종교적 의미를 가지게 되었다.

셋째, 반농반선 노동관에 포함된 노동은 생산관계로부터 자유로운 노동이다. 반농반선 노동은 산업화 이전의 농업노동이었고 그러한 점에서 전근대적 노동이었다. 그러니 노예 노동과 같은 강제노동은 아

28) 폴 라파르그, 조형준 옮김, 2005, 『게으를 수 있는 권리』, 새물결.

니다. 노동이 의무사항이긴 하지만 인신적 구속이 수반된 노동은 아니었다. 오히려 반농반선 노동은 사유지(寺有地), 즉 사찰이 보유하고 있는 토지에서 자발적으로 참여하는 노동이었다. 그 노동은 자기 자신의 수행의 일부로 간주된 노동, 즉 자기완성의 내적 동기에 의해 추동된 노동이었다.

물론 이러한 세 가지 특징은, 노동사회학적 관점에서 볼 때, 결코 현대사회와 양립하지 못한다. 오히려 이러한 특징은 현대사회의 노동과는 상반된다. 그러나 혹은 그렇기 때문에 반농반선 노동의 특징은, 현대사회의 노동과 비교해 볼 때, 그 가치가 분명히 드러난다.

4.2 반농반선 노동관의 탈현대적 함의

(1) 소외의 극복

현대사회의 유일한 노동은 직업노동 혹은 취업노동이다. 이는 현대사회의 모든 노동이 자본주의적 생산관계 속에 포섭된 노동임을 의미한다. 문제는 자본주의적 생산관계 속에서 이루어지는 노동은 반드시 노동소외를 수반한다는 점이다. 노동주체가 노동과정을 통제할 수도 없거니와 노동의 산물을 그 자체로 전취할 수도 없다. 또한 노동을 둘러싸고 있는 사회관계조차도 이해관계라는 이차적 인간관계를 특징으로 하고 있다는 점에서 인간의 유적 본성(類的 本性)을 실현할 수 있는 장이 되지 못한다. 게다가 산업화이후 근대 자본주의적 노동과정은 구상과 실행의 분리에 근거하여 이루어지기 때문에 소외는 심화된다. 그 결과 노동자는 탈숙련화되어 기계의 부속품처럼 노동하지 않을 수 없게 된다. 이에 비해 반농반선 노동은 생산관계로부터 자유로운 노동이며, 수행, 학습, 여가 등 삶과 분리되지 않은 다기능복잡 생활이며, 따라서 노동주체를 탈숙련화시키거나 소외시키지 않는다.

(2) 일자리 나누기

현대사회의 노동은 최소한 반농반선 노동시간의 2.5 배 이상 길다. 여기에다가 이동시간 등 부대적인 시간까지 합하면 현대사회의 노동은 학습시간, 수행시간, 여가시간까지도 침범하며 경우에 따라서는 모조리 빼앗아 가기도 한다. 그 결과 현대인들은 노동중독에서 벗어날 수 없다. 그 때문에 현대인들에게 노동은 고통일 수밖에 없다. 이에 비하면 반농반선의 노동시간은 결코 고통스런 노동이 아니다.

동시에 이러한 노동은 일자리 나누기라는 의도하지 않은 사회적 결과도 낳을 수도 있다. 주지하듯이 산업화 이후 생산수단, 특히 과학기술의 발전은 두 가지 현상을 수반한다. 무엇보다도 자본의 측면에서는 막대한 이윤을 남기지만 노동의 측면에서는 생력화(省力化) 현상을 낳는다. 이러한 경향은 생산수단의 자동화 및 정보화로 특징 지워지는 탈산업사회에서도 지속된다. 그 결과, 일자리부족 사태는 현대자본주의사회의 구조적 문제이다. 이러한 문제를 해결하기 위해서는 적세 일하고도 충분히 만족할 수 있는 삶이 필요하다. 그러나 여기에는 모든 국민에게는 기본소득이 보장된다는 대전제가 필요한데, 매우 다행스럽게도 오늘날 한국사회를 포함한 선진산업사회의 생산력 수준은 모든 국민의 기본소득을 보장할 수 있는 단계를 넘어서고 있다. 이렇게 볼 때 이제는 생산(노동)이 아니라 어떻게 소비하고 또 그것으로 만족할 수 있는가의 문제가 결정적인 의미를 갖는다. 반농반선 노동은 적게 일하고도 만족하는 삶의 전형을 보여주고 있다.

(3) 수행과 겸행된 노동

현대사회의 노동은 상품 생산과 직결되는 노동 즉 육체적 노동만을 유일한 노동으로 인정한다. 이러한 전통은 특히 노동에 대한 서구적 전통과 밀접한데, 그 대표적인 예로 저 유명한 헤겔의 주인과 노예의 변증법에서 노예의 가치가 무엇인가의 가치를 생산하는 노동에 대한 인정에 기초할 수 있었던 이유도 노동에 대한 서구적 개념화와 무관하지 않다. 반면에 동양에서는 정신적 · 사회적 가치를 생산하는 활동도 가치생산의 범주에 속하였을 뿐만 아니라 오히려 다른 가치에 우선하기도 하였다. 사농공상의 질서나 선비 혹은 수행자에 대해 사회가 최고의 우선성을 부여한 이유도 이들이야말로 윤리적 정당성을 지닌 사회적 가치를 생산하는 활동 주체였기 때문이다. 이렇게 볼 때, 반농반선 노동은 끊임없이 삶을 분절시키는 근대적 노동과는 달리 삶의 총체성을 재생산하는 노동이다.

한편, 반농반선 노동이 정신적 수행과 동일선상에 위치한다는 것은 노동이 경제적 이윤추구를 위한 수단이 아니라 그 자체로 자기실현의 과정이며 고통으로부터 해방된 해탈을 지향하는 활동이다. 그렇기 때문에 반선반농 노동은 강제에 의한 노동이 아니라 자발적으로 오매불

망 집중적인 노력을 경주하는 노동이자 끊임없이 자기변신을 이룩해 나가는 창의적인 활동의 연속이어야 한다.

(4) 행복에 기여

현대사회의 노동이 고통이고 소외로 귀결된다는 것은 노동이 삶의 행복을 담보해 주지 못한다는 의미이다. 오히려 현대인들은 노동으로부터 벗어날 때 편안하고 행복해 한다. 또한 현대사회의 노동은 노동주체의 자아실현과는 거의 무관하다. 오히려 현대인들은 노동 이외의 활동에서 별도의 자아실현 기회를 찾아야 한다. 그 결과 현대인들은 노동의 탈출구를 불건전한 소비생활로 충족시킴으로써 사회적 건강이나 정신적 건강을 악화시키곤 한다. 반면에 반농반선 노동은 수행과 불가분의 관계에 놓여 있을 뿐만 아니라 궁극적으로는 자아실현, 즉 해탈로 귀결된다. 그리고 그러한 노동을 하면 노동주체는 별도의 탈출구를 찾기보다는 자신의 욕망을 통제하는 방법을 체득하게 되고 그것이 사회적으로나 정신적으로 건강하고 행복한 상태를 담보해 준다.

5. 결론

이상으로 우리는 수행-노동 관계의 한국판인 반농반선운동의 사례를 통해 한국불교의 노동관을 살펴보고, 그 탈현대적 함의를 도출해 보았다. 비록 한국불교의 반농반선운동이 특정한 시기 몇몇 선사들에 의해 특정한 사찰에서 행해진 것이긴 하지만, 그것조차도 노동과 수행의 관계라는 불교 노동관을 벗어나지 않고 있다. 오히려 한국불교의 반농반선운동은 노동-수행 관계사의 연장선상에 위치하고 있는 한국적 변이로서, 여기에는 한국불교 노동관의 독특한 특징을 잘 드러나고 있다. 그것은 정신노동과 육체노동의 분업도 아니고 노동선도 아닌 노동과 수행의 겸행이다.

이러한 반농반선 노동관은 세 가지 특징을 가졌는데, 그 중에서 한 가지 특징 즉 노동시간이 절대적으로 짧았다는 것이다. 물론 반농반선 노동관은 이러한 특징이외에도 나머지 두 가지 특징 즉 생산관계로부터 자유롭다는 특징과 수행과의 불이적 관계 속에 놓여 있다는 특징을 동시에 내포하고 있다. 이렇게 볼 때, 반농반선의 노동관은 일자리 나누기라는 함의 이외에도 노동소외의 극복이나 정신적 수행과의 관계라는 특성에서 도출되는 행복과의 연관성 등의 탈현대적 함의를 가짐을 알 수 있었다.

물론 반농반선 노동관이 탈현대적 함의만을 갖는 것은 아니다. 오히려 그것은 전근대적 함의를 가질 수도 있고 현대적 함의를 가질 수도 있다. 그러나 그것에 대한 본격적인 논의는 본 연구의 범위를 넘어서기 때문에 다음 기회를 기약할 수밖에 없다.

참고문헌

김광식. 1999.「백용성의 선농불교」.『대각사상』2. 대각사상연구원.

______. 2005.「백학명의 불교개혁과 선농불교」.『불교평론』. 불교평론사.

김병학. 2007.「백학명의 반선반농운동의 통해 본 불교개혁이념」.『종교연구』. 한국종교학회.

만해사상실천선양회. 2000.『조선불교유신론』. 장승.

박경준. 1998.「불교의 노동관 소고」.『불교학보』35. 동국대학교 불교문화연구원.

______. 1999.「인도불교계율에 있어서의 노동문제」.『대각사상』2. 대각사상연구원.

송만암. 1966.『만암문집』. 고불총림 백양사.

유승무. 2004.「사회진화론과 만해의 사회사상」.『동양사회사상』8. 동양사회사상학회.

______. 2005.「불교의 노동관과 노사갈등 해법」.『논문집』. 중앙승가대학교.

______. 2008.「좋은 노동을 위한 발상의 전환」.『노동과 여가에 대한 새로운 담론』. 동양사회사상학회 기획학술대회 발표문.

정성본. 1999.「선불교의 노동문제」.『대각사상』2. 대각사상연구원.

정영근. 1998.「한국의 전통문화와 노동관」.『21세기를 대비한 직업과 산업윤리』. 한국노동교육원.

宮林昭彦. 1976.「僧院에 있어서의 勞動과 生産의 問題」.『佛教와 現代世界』. 동국대학교.
秋山範二. 昭和 41年.「禪と行爲, 勞動」.『佛教とマルキシズム』. 創元社.
악셀 호네트. 1996. 문성훈 옮김.『인정투쟁』. 동녘.
폴 라파르그. 2005. 조형준 옮김.『게으를 수 있는 권리』. 새물결.
한나 아렌트 저. 2008. 이진우 · 태정호 옮김.『인간의 조건』. 한길사.
호진. 1988.「불교의 노동관」.『불교에서 본 인생과 세계』. 홍법원.

한국 유학에서의 修行 노동과 樂道 여가

정재걸 (대구교육대학교)

한국 유학에서의 修行 노동과 樂道 여가

정 재 걸 (대구교육대학교)

1. 두 가지 노동

사지食志 노동와 사공食功 노동

맹자 <등문공장구滕文公章句> 하下에 다음과 같은 구절이 있다.[1)]

맹자의 제자인 팽경彭更이 물었다. "뒤에 따르는 수레가 수십 대이며, 종자從者 수백 명을 거느리고 제후諸侯에게 밥을 얻어먹는 것이 너무 지나치지 않습니까?" 맹자께서 말씀하셨다. "그 도道가 아니라면 한 그릇의 밥이라도 남에게 받아서는 안되지만, 만일 그 도道라면 순舜임금은 요堯임금의 천하天下를 받으시되 지나치다고 여기지 않으셨으니, 그대는 이것을 지나치다고 여기는가?" 팽경이 대답하였다. "아닙니다.

---

1) 彭更問曰 後車數十乘 從者數百人 以傳食於諸侯 不以泰乎 孟子曰 非其道 則一簞食 不可受於人 如其道 則舜受堯之天下 不以爲泰 子以爲泰乎 曰 否 士無事而食이 不可也 (중략) 子如通之 則梓匠輪輿皆得食於子 於此有人焉 入則孝 出則悌 守先王之道 以待後之學者 而不得食於子 子何尊梓匠輪輿而輕爲仁義者哉. 曰 匠輪輿 其志將以求食也 君子之爲道也 其志亦將以求食與 曰 子何以其志爲哉 其有功於子 可食 而食之失 且子食志乎 食功乎.『滕文公 章句 下』.

선비가 일없이 밥을 얻어먹는 것이 불가하다는 말입니다." 맹자께서 말씀하셨다. "자네는 집을 짓는 목수와 수레를 만드는 장인에게는 밥을 먹일 것이다. 그런데 들어오면 효도하고 나가면 어른에게 공경하며 인의仁義를 행하는 사람은 자네에게 밥을 얻어먹지 못할 것이다. 그대는 어찌하여 목수와 장인은 높이고 인의를 행하는 자는 가볍게 여기는가?" 팽경이 말하였다. "목수와 장인은 그 뜻이 밥을 구하는 것이거니와 군자가 도를 행하는 것이 과연 밥을 구해서 그런 것입니까?"

(중략)

맹자가 말씀하셨다. "밥을 먹이는 것에는 두 가지가 있다. 공이 있어서 밥을 먹이는 것과 뜻이 있는 자에게 밥을 먹이는 것이 그것이다."

그것을 필요로 하는 사람에게 공功이 있어서 밥을 먹이는 것을 사공食功이라고 하고, 뜻이 있는 자에게 밥을 먹이는 것을 사지食志라고 한다. 이것이 유학의 두 가지 노동이다. 물론 두 가지 다 지불支拂노동이다. 사지란 도를 닦고 이를 실천하는 노동에 대한 지불을 말하고, 사공이란 일상생활에 필요한 재화와 용역을 제공하는 것에 대한 지불을 말한다. 사공 노동에 있어서도, 일상생활에 필요한 노동이라고 해서 모두 같은 평가를 받는 것은 아니다. 상업보다는 공업을 중시하고 또 공업보다는 농업을 중요시하는 것이 유학의 노동관이다. 맹자는 이러한 사공 노동의 차이를 방패를 만드는 노동과 창을 만드는 노동을 예로 들어 설명한 바 있다.[2)]

2) 孟子曰 矢人 豈不仁於函人哉 矢人 惟恐不傷人 函人 惟恐傷人 巫匠亦然 故 術不可不愼也.『公孫丑 章句 上』.

맹자께서 말씀하셨다. "화살 만드는 사람이 어찌 갑옷 만드는 사람보다 仁하지 못하겠는가마는, 화살 만드는 사람은 행여 사람을 상하지 못할까 두려워하고, 갑옷 만드는 사람은 행여 사람을 상할까 두려워하니 무당과 관 만드는 목수도 또한 그러하다. 그러므로 기술을 (선택함에) 삼가지 않으면 안되는 것이다."

유학의 근본 목적은 인仁의 실현이다. 인은 어려움에 처한 사람이나 사물에 대해 측은히 여기는 마음(惻隱之心)으로 발현된다. 화살을 만드는 일을 계속하다 보면 인한 마음을 해치게 되고, 갑옷을 만드는 일을 계속하다 보면 인한 마음을 보존할 수 있게 된다. 그렇기 때문에 나의 마음속에 있는 인이 발현되는 것을 돕는 직업이 좋은 직업이라는 것이다.

노심勞心과 노력勞力

맹자는 사지노동과 사공노동의 구분과 함께 노동을 노심勞心과 노력勞力으로 구분하기도 하였다.[3)]

그러므로 '혹은 마음을 수고롭게 하며, 혹은 힘을 수고롭게 하나니, 마음을 수고롭게 한 자는 남을 다스리고, 힘을 수고롭게 한 자는 남에게 다스려진다.' 하였다. 남에게 다스려지는 자는 남을 먹여주고, 남을 다스리는 자는 남에게 얻어먹는 것이 천하의 공통된 의리이다.

---

3) 故曰 或勞心 或勞力 勞心者 治人 勞力者 治於人 治於人者 食人 治人者 食於人 天下之通義也.『滕文公 章句 上』.

노심과 노력은 플라톤의 『국가』 이래로 하나의 전통이 된 서양의 정신노동과 육체노동의 구분과 유사하다. 그러나 사지와 사공 노동의 구분은 정신노동과 육체노동의 구분과는 분명히 다르다. 노심이나 정신노동은 지배자로서의 자질과 능력을 기르는 것에 한정되지 않고, 그러한 능력을 활용하여 국가나 사회에 도움을 주는 활동을 노동이라고 규정하는 반면, 사지노동은 자기 수양 그 자체를 노동으로 규정하기 때문이다.

그런 측면에서 사지와 사공으로 노동을 이원화한 유학의 노동관은 차라리 유승무가 말한 불교에서의 법시法施와 재시財施의 교환을 의무화한 붓다의 실험과 유사하다.[4] 즉 수행을 하는 승려는 자신의 수행을 통한 깨달음을 나누어 주고, 이러한 수행승들로부터 깨달음을 전해 받는 신자들을 이들에게 공양을 제공하는 사회적 교환을 말한다. 물론 유학에서는 사지와 사공의 교환을 의무화한 것이 아니고, 각 개인이 아니라 국가가 사지에 대한 지불을 담당했으므로 붓다의 실험과는 차이가 있다고 말할 수 있다.

그러나 불교와 마찬가지로 유학 교육의 궁극적인 목표는 일상생활에 필요한 노동력의 양성이 아니라 도를 닦고 실천하는 자를 양성하는 것이었다. 그래서 공자는 농사짓는 법을 묻는 어리석은 제자 번지樊遲를 나무라기도 했고, 또 군자불기君子不器라고 하여 군자는 한 분야의 전문가가 되어서는 안된다고 주장하기도 하였다.

---

4) 유승무. 「'좋은 노동'을 위한 발상의 전환」. 동양사회사상학회 2009 기획학술대회 발표논문집. 19쪽.

유학의 교육적 인간상

유학의 이념을 실천하기 위해 조선을 건국한 성리학자들은 이러한 유학의 두 가지 노동관을 그대로 받아들였다. 그래서 유학의 도를 닦고 실천하여 다른 사람에게 모범을 보이는 자를 국가가 응당 먹여야 한다고 주장하였다. 이를 위하여 조선을 건국한 유학자들은 교육을 통해 길러내고자 했던 교육적 인간상의 순위를 다음과 같이 정하였다.[5)]

1) 경전에 밝고 행실을 닦아 도와 덕을 겸비하여 스승이 될만한 자(經明行修 道德兼備 可爲師範者)

2) 시무에 대한 식견에 통하고 재능도 경제에 합당하여 공을 세울만한 자(識通時務 才合經濟 可建事功者)

3) 문장을 익히고 서찰에 공을 들여 문한의 임무를 맡을만한 자(習於文章 工於書札 可當文翰之任者)

4) 법률과 회계에 정밀하고 행정력에 통달해 백성을 다스리는 직을 맡을만한 자(精於律算達於吏治 可當臨民之職者)

5) 병법을 탐구하고 용맹이 뛰어나 장수가 될만한 자(謨探韜略 勇冠三軍 可爲將帥者)

6) 말타기와 활쏘기를 익히고 봉술과 투석에 능해 군무를 맡을만한 자(習於射御 能於捧石可當軍務者)

7) 천문, 지리, 점술, 의약 중 한 가지 기예를 전공한 자(天文地理卜巫醫藥 或攻一藝者)

---

5) [태조실록]. 원년 9월 임인조.

교육적 인간상의 순위에서 보듯이 1)을 제외한 나머지 6가지는 국가의 실무에 필요한 실용적 인간, 즉 한 분야의 전문가임을 알 수 있다. 구체적으로 2)는 오늘날의 중앙정부의 행정 전문가를, 3)은 전문 외교관을, 4)는 지방 행정 책임자, 5)와 6)은 군사 전문가, 그리고 7)은 기상 예보관과 의사 혹은 약사라고 할 수 있다. 이러한 실용적 인간의 우선 순위는 물론 국가가 필요로 하는 중요도에 따라 배열된 것이며, 이들이 하는 일이 조선시대 국가에서 요구하는 사공食功 노동이라고 할 수 있다.

그러나 조준 등의 유학자들은 국가가 필요로 하는 실용적인 인간의 양성보다 더 중요한 것은 '남의 스승이 될 만 한 자'를 양성하는 것이라고 생각하였다. 즉 경명행수經明行修하여 남을 가르칠만한 인격이 되기 위한 수행을 하나의 직업으로 인정하였던 것이다. 조선시대 소위 '선비'라고 불리는 '수행 전문 노동자'는 이러한 조선 건국의 이념을 통해 양성되었던 것이다. 물론 이들 유학자들의 이상이 현실 정치에서 그대로 실현되었던 것은 아니었다. 조선 초기 문과 초시 초장의 시험방법을 둘러싼 소위 강제시비講製是非에서, 경전에 밝고 행실을 닦은 사람을 평가하기에 적합한 강경시험 대신 평가의 객관성과 실용성이라는 측면을 강조하여 문장력을 평가하는 제술 시험을 지지하는 집단이 여전히 큰 영향력을 미친 것이나, 같은 성균관 입학 자격이지만 생원보다는 진사를 높게 평가한 것 등은 현실 정치에서는 여전히 사지보다는 사공을 중요시했음을 보여주는 사례라고 할 수 있다.

그러나 어느 사상이나 이념이든 그것을 수용한 후에는 그 사상이나 이념의 발생지보다도 더 철저하고 근본적으로 그것을 수용하고 실천하였던 우리나라의 지식인들은[6] 이념적으로는 여전히 두 가지 노동의 구분을 철저하게 지키려고 노력하였다. 그래서 조선시대 바람직한 인간상은 역시 “경전에 밝고 행실을 닦아 도덕을 겸비해서 스승이 될 만 한 자”였으며, 이러한 인간상은 고려시대의 이상적 인간상인 “문장으로 나라를 빛내는 선비(文章華國之士)”를 대체하였던 것이다.

개항과 일제 식민지를 거쳐 서구 현대 문명이 강제적으로 이식 수용된 오늘날, 우리 사회의 노동은 전적으로 사공食功을 위주로 조직되어 있다. 현대 문명에 대한 대안적 삶의 실천을 위해 노력하는 사람들에게 작은 후원금을 내는 것이 그나마 오늘날 사지 노동의 명맥이 끊기지 않고 남아 있도록 하는 작은 실천이 되고 있을 뿐이다.

2. 노동의 종말과 대안의 모색

노동의 종말

현재 우리가 살고 있는 사회는 노동, 즉 직업 활동과 시민권을 중심으로 건설되었다. 현대 문명에 있어서 노동은 물질적 생활을 보장하

6) 이를 小倉紀藏은 『한국은 하나의 철학이다』라는 책에서 다음과 같이 말하고 있다. “한국은 하나의 철학이다. 철학 그 자체가 영토 · 사람 · 주권으로 굳어진 것이 한국인 것이다. 여기에서 철학이란 <理>를 말한다. 주자학을 통한 국가통치 이후 한반도를 지배해 온 것은 오직 <理>였다. 항상 하나임(一個性)을 주장하는 <理>인 것이었다. <理>란 무엇인가? 그것은 보편적 원리이다. 天 즉 자연의 법칙이고 인간사회의 도덕이 한 치의 오차도 없이 일치하는, 혹은 일치해야 하는 절대적 규범이다.” 講談社. 1998. 17쪽.

고, 시간과 공간을 조직화하는 수단이며, 자기 자신의 존엄성과 사회적 교환의 표현 공간이 되었다. 즉 노동은 개인의 자아정체감의 확립과 자아실현에 가장 중요한 수단이 되었던 것이다. 그리하여 직업과 관계된 노동 시간은 우리 인생의 여타 순간들에까지 그 의미를 부여해 주고 있다. 이처럼 노동을 중심으로 조직된 현대는 제국주의와 함께 전 세계로 확대되었다. 이제는 유럽뿐만 아니라 전 세계의 모든 인간은 오직 노동을 통해 자기 자신을 실현하고, 오직 노동을 통해 자신의 자아정체감을 확립하게 되었다.

그러나 이처럼 현대 문명을 형성하는 데 토대가 된 노동은 점차 사라지고 있다. 19세기 산업혁명의 첫 단계에 있어서 대폭적인 생산성 향상으로 주 80시간의 노동이 60시간으로 단축된 후, 20세기에 있어서도 석유 및 전기 기술이 증기 기술을 대체하면서 급속한 생산성 증대가 있었고, 노동시간도 주 60시간에서 40시간으로 단축되었다. 그러나 이러한 노동의 감소는 정보화라는 새로운 물결이 초래한 것에 비하면 극히 사소한 것에 지나지 않는다. 국제 기계공 노동조합 위원장이었던 윈피싱어(William Winpisinger)는 제네바에 있는 국제 금속노련의 연구를 인용하여 "향후 30년 이내에 세계 전체 수요에 필요한 모든 재화를 생산하는 데 있어서 현 세계 노동력의 단지 2%만 필요하게 될 것이다."고 하였다. 또한 일본의 컴퓨터 정보화 사회의 주창자인 마수다(Yoneji Masuda)는 "조만간 모든 공장들이 완전히 자동화될 것이고, 아마도 향후 20~30년 내에 사람을 전혀 필요로 하지 않는 공장들이 출현하게 될 것이다."라고 하였다. 이러한 주장은 리프킨이 내세우는 '노동의 종말'의 중요한 증거가 되고 있다.

필리프 프띠의 주장과 같이 리프킨의 '노동의 종말'이라는 주장이 과장되고 또 교육과 복지 분야와 같은 영역에서 새로운 노동의 요구가 늘어난다고 하더라도,[7] 정보화가 가속화되면 노동이 큰 폭으로 감소할 것이라는 주장에는 누구나 동의한다. 정보화 사회의 첨단을 달리고 있는 우리 사회의 경우도 예외가 될 수 없다. 정보회로 인한 노동의 감소가 가장 먼저 나타나는 분야는 주로 대학 졸업자들이 취업하는 사무직 분야이다. 대졸 실업의 증가는 이러한 정보화의 필연적인 결과인 것이다. 오늘날 대학 졸업자가 원하는 공기업, 대기업, 공무원 등의 안정적인 일자리는 수많은 경쟁을 뚫고 올라 온 상위 20%만이 차지할 수 있게 되었다.

88만원 세대

정보화에 따른 사무직 노동의 감소는 물론 우리나라만의 문제는 아니다. 우리나라에 88만원 세대가 있듯이 미국에는 '빈털터리 세대(Strapped)'가 있다. 또 일본에는 정규직에 진입하지 못하여 파트 타임 잡이나 아르바이트로 힘들게 살아가는 젊은 세대를 '하류사회' 혹은 '비참세대'로 부르기도 한다. 마찬가지로 유럽에서는 월 150여만원으로 힘들게 살아가는 젊은 세대를 '1000유로 세대(GENERAZIONE 1000 EURO)'라고 부른다.

정보화 사회의 노동의 종말, 혹은 노동의 대폭적인 감소와 관련하여 일차적으로 인류가 대처할 수 있는 방안은 둘 중의 하나이다. 그

---

7) 도미니크 슈나페르. 2001. 김교신역. 『노동의 종말에 반하여』. 동문선.

한 가지는 소수의 일자리를 소수의 정보 엘리트들이 독점하는 것이고, 또 한 가지는-임금이 대폭 감소되는 것을 감수하더라도-그 줄어드는 노동을 골고루 나누어 가지는 것이다. 그러나 전자의 방안은 장기적으로는 불가능하다. 인류의 역사를 살펴보면 항상 일하는 다수가 일하지 않는 소수를 먹여 살렸지, 일하는 소수가 일하지 않는 다수를 먹여 살린 경우는 없기 때문이다. 또한 후자의 방안도 궁극적인 해결방법이 될 수는 없다. 사람들이 여전히 노동을 자아실현의 수단으로 생각하는 한, 줄어드는 노동과 줄어드는 수입에 불만을 가질 것임에 분명하기 때문이다. 또한 실업은 현대인에게 단순히 생계수단의 박탈만을 의미하는 것이 아니기 때문이다. 앞서 언급한 필리프 쁘띠는 이를 다음과 같이 말하고 있다.[8)]

> 실업자의 경우는 사정이 다르다. 그가 굴욕감을 느끼는 까닭도 거기에 있다. 그는 지루하다. 왜냐하면 시간이 파괴적이기 때문이다. 사실 그에게 시간 감각을 부여하는 것은 직업 활동의 수행이다. 실업자이기 때문에 일자리가 없는 것은 휴가 중이거나 여가를 갖는 것과는 다르다. 실업자는 자신이 휴가 활동을 취할 권리가 있다고 여기지 않는다.

2008년 시작된 전세계적 금융위기는 즉각적으로 실물 경제의 위축으로 이어졌다. 이로 인해 새로이 직업 전선에 뛰어든 젊은이들의 취업은 더더욱 어려워지고 있다. 이런 상황에 직면하여 세계 각국은 새로운 일자리 창출을 위해 막대한 자금을 쏟아 붓고 있다. 그러나 소비

---

8) 김교신역. 위의 책. 50쪽.

위축에 따른 기업들의 어려움으로 이러한 노력은 크게 효과를 보지 못하고 있다. 결과적으로 각국 정부에서 새로이 창출한 일자리는 기껏 과거 자원봉사자들이 담당했던 소외계층과 노인 복지를 위한 소위 '사회적 노동'이 대부분을 차지하고 있다. 그러나 이러한 비지불 노동으로서의 사회적 노동을 지불노동으로 전환하는 것에 대해서는 비판적인 견해도 많이 있다.

노동을 통한 자아실현

정보화로 인한 노동의 종말이 필연적인 것이라면 우리는 이러한 변화에 어떻게 대처해야 하는가? 거시적으로 볼 때 노동의 종말은 노동으로부터의 해방이라는 인류의 오랜 염원을 실현하는 희망적인 것임에 분명하다. 그러나 노동에 대해 너무나 많은 의미를 부여한 현대 문명은 '노동=자아실현', '실업=낙오자'라는 낙인을 찍고 있어, 이러한 이데올로기에서 벗어나기가 쉽지 않다. 취업에 실패한 청년 실업자에게 "당신은 이제 노동으로부터 해방되었으니 자유다. 이제 당신이 하고 싶은 것을 마음대로 하고 살아라"라고 한다면 과연 그들이 기뻐하겠는가?

현대문명에서의 노동을 통한 자아실현은 '자아'라는 분리 독립된 개체의 자기 확인과 확대를 의미한다. 실업이란 이런 자아실현의 가장 강력한 수단을 상실했음을 의미한다. 따라서 노동의 종말과 청년 실업에 대한 대책에 있어 가장 중요한 것은 노동을 통한 자아실현을 대체할 수 있는 수단을 제공해 주는 것이다. 그것은 무엇일까?

자아(ego)와 자기(self)

조선시대의 유학은 사공 노동의 의무가 없어 무위도식無爲徒食하는(?) 유한계급의 공부였다. 따라서 계급적 관점에서 보자면 유가儒家의 담론은 철저하게 신분에 의존해 있었고, 이기론理氣論, 심성론心性論 등의 형이상학은 당시의 불평등한 현실을 은폐하고 왜곡하는데 기여했다. 그렇지만 이러한 유학사상에서 역사적, 시대적 한계를 덜어내고 나면 그 본질적 이념은 탈근대사회를 디자인하는데 커다란 시사점을 준다. 특히 현대 문명에서 말하는 '사공 노동을 통한 자아실현(ego realization)'이 아니라 '사지 노동을 통한 자기실현(self realization)'의 구체적 방법을 제시하고 있다는 점에서 시사하는 바가 크다. 이를 구체적으로 살펴보기로 하자.

자아(ego)란 더 이상 나눠지지(divide) 않는(in) 분리 독립된 개체(individual)를 뜻한다. 현대 교육은 이런 자아의 정체성 확립과 확장을 목적으로 삼고 있다. 그리고 앞에서도 언급하였듯이 이런 자아의 확립과 확장의 가장 강력한 수단이 노동이다. 그러나 유학에서는 '나'를 분리 독립된 개체로 보지 않고 우주적인 존재로 이해한다. 장횡거는 『서명西銘』에서 다음과 같이 말했다.

> 하늘을 아버지라고 부르고 땅을 어머니라고 부른다. 나의 이 조그만 몸이 그 가운데 뒤섞여 있다. 그러므로 천지에 가득 찬 것이 나의 몸이요, 천지를 이끄는 것이 나의 본성이다. 세상 사람들은 나의 동포요, 모든 식물과 동물들은 나와 함께 사는 무리이다.[9)]

---

9) 乾稱父 坤稱母 予玆貌焉 乃混然中處 故天地之塞 吾其體 天地之帥 吾其性 民吾同胞 物

정명도程明道 역시 "인자仁者는 천지만물을 한 몸으로 보므로 나에게 속하지 않은 것이 없다."[10]라고 하였다. 이처럼 유학은 인권人權보다는 자연권自然權을, 평등(同)보다는 조화(和)를 중요시한다(和而不同). 또 생산력의 증대보다는 욕심을 줄이는 것(寡慾)을 목표로 삼고, 제도나 구조의 변화보다는 '나'의 변화를 근원적인 것으로 본다(反求諸己).[11]

수행을 통한 자기실현

따라서 유학의 관점에서 보면 현대 문명에서의 '개아個我로서의 나'는 극복해야할 허상일 뿐이다. 우주적인 존재로서의 '나'를 융의 표현을 빌려 '자기(self)'라고 한다면, 유학은 자아(ego)를 극복하여 진정한 '나'인 자기를 실현하는 것을 목표로 삼는다. 그리고 이러한 자기실현의 방법으로 수행을 제시하고 있다. 따라서 수행은 현대 문명에서 자아를 실현하는 가장 강력한 수단인, 직업으로서의 노동을 대체할 수 있는 가장 현실적인 대안이라고 볼 수 있다.

유학 사상이 가진 본질적 이념은 지난 100여 년 간의 현대문명이 수반한 각종 폐해, 즉 인간성 상실, 자연 파괴, 상호경쟁의 일상화, 시간과 공간 사이에서 무의미한 존재라는 공허감 등을 해결할 수 있는 대안을 제시해 준다. 물론 이러한 주장을 하는 것은 현시대가 인류가

吾與也.

10) 仁者以天地萬物爲一體 莫非己也.

11) 자세한 설명은 정재걸. 2006. 「논어와 탈근대교육의 설계」. 『동양사회사상』 14를 참조.

몇 번 경험하지 못한 문명사적 전환 시기라는 믿음에 터해 있다. 즉 2~3세기 전에 발흥한 서구 현대문명이 이제 한계에 봉착했고, 새로운 문명이 출현하는, 아니 해야만 하는 초입에 우리가 서 있다는 것이다. 이를 함석헌 선생은 "박혀 버린 역사의 배를 서양이라는 죽음의 진탕에서 빼내려면, 죽은 듯이 서 있는 저 언덕의 동양 바위를 한사코 박찰 필요가 있다."[12]고 하였다. 이제 우리는 동양사상에서 탈현대 사회의 청사진을 찾아내야 한다. 이제 더 이상 자유와 인권과 같은 현대사회의 이념을 인류의 보편적인 이념으로 간주해서는 안된다. 자유와 인권은 전근대 사회에서의 인신적 예속을 벗어나기 위해 분명히 필요한 이념이었지만 그것 자체를 목표라고 강요하는 것은 어불성설이다.

자유와 인권을 목표로 하는 것은 마치 노인들이 오직 건강을 위해 살아가는 것과 같다. '무엇을 위한 건강인가?' 라는 질문과 같이 무엇을 위한 자유이고, 무엇을 위한 인권인가를 물어야 한다. 오늘날 자유와 민주 인권과 같은 이념을 중심으로 사회운동을 하는 사람들은 '시대착오' 적인 사람들일 뿐이다. 지금 우리가 필요로 하는 것은 마르크스의 공산주의에 대신할 만한 미래에 대한 구체적인 청사진이다.

일본의 경영 컨설턴트로 일하는 간다 마사노리는 "99%의 인간은 현재를 보면서 미래가 어떻게 될지를 예측하고, 1%의 인간은 미래를 내다보면서 지금 현재 어떻게 행동해야 될지를 생각한다. 물론 후자에 속하는 1%의 인간만이 성공한다. 그리고 대부분의 인간은 1%의 인간을 이해하기 어렵다고 밝힌다."고 하였다. 노자老子 역시 많은 못

12) 김진편. 2003. 『너 자신을 혁명하라』. 오늘의 책. 136쪽.

난 사람들이 비웃지 않으면 진정한 도가 아니라고(不笑不足以爲道) 했다. 그러나 제대로 이해하지 못하여 그것을 비웃는 사람들을 무조건 무시할 수는 없다. 그러한 사람들을 최대한 줄이기 위해서라도 미래에 대한 청사진은 보다 분명하고 구체적이어야 한다.

3. 깨어 있는 일상으로서의 수행 노동

탈현대 사회의 노동

정보화로 인해 소멸하게 될 노동은 주로 사공 노동이다. 전통사회의 사공 노동은 물론 지불支拂 노동이지만, 노동의 종말에 따라 점차 교환 영역에 속하지 않는 다양한 노동이 나타날 것으로 예측된다. 예컨대 텃밭을 가꾸는 것과 같은 자급자족활동이나, 가사노동과 봉사활동과 같은 노동이 그것이다. 그렇다면 탈현대사회의 노동은 어떤 모습일까?

홍승표는 탈현대사회의 대표적인 노동으로 틱낫한 스님을 예로 들었다.[13)]

> 씨앗을 심고 씨앗에서 새싹이 돋아나는 것을 보며 즐거워한다. 물을 주고 김을 매어준다. ....(중략) 씨앗이 싹을 틔우고 무럭무럭 자라고 열매를 맺고 죽어서 땅으로 돌아가는 모습을 보면서 나의 탄생과 성장

13) 홍승표.「통일체적 세계관과 인간적 노동의 구현」. 동양사회사상학회 2009 기획학술대회 발표 논문집. 60쪽.

> 의 신비를 느끼고 나이 들어감의 의미와 편안함을 느끼며, 쉼으로서의 죽음을 맞이할 수 있는 능력을 키운다. 이것이 수행과 낙도로서의 노동의 의미이다.

홍승표의 수행과 낙도로서의 노동은 이 글에서 주장하는 것과 같이 수행이 노동이라는 의미와는 전혀 다르다. 홍승표의 주장은 수행이 노동이 되는 것이 아니라, 노동이 수행이 되어야 한다는 뜻이다. 그런 의미에서 홍승표는 탈현대사회에서는 노동만이 아니라 모든 활동이 수행과 낙도가 되어야 한다고 주장한다. 즉 아침에 깨어나서 밤에 잠자리에 들 때까지의 모든 생활이 곧 수행과 낙도로서의 활동이 될 수 있고 또 되어야 한다는 것이다.

따라서 조선시대 선비들의 사지 노동은 두 가지 점에서 홍승표가 제시한 수행과 낙도로서의 노동과 구별된다. 먼저 조선시대의 사공노동은 꼭 필요하고 중요한 노동이었지만, 결코 수행으로서의 노동이 되지는 못하였다. 앞에서 언급한 바 있지만 농사 일을 묻는 번지를 나무라는 공자와 같이, 조선시대 선비들은 '노동을 수행으로 생각' 한 것이 아니라 선비로서의 일, 즉 '수행을 노동으로 생각' 하였던 것이다. 그래서 조선시대 선비들은 비록 농사를 짓는 경우가 있다고 하더라도 농사를 수행으로 생각하지는 않았다.[14] 또 한 가지는 사지노동의 경우라도 틱낫한 스님과 같이 수행과 낙도가 일치되지 못하고 두 가지 활동 사이에는 약간의 차이가 있었다. 즉 수행 그 자체가 낙도가

---

14) 불교에서는 울력이라고 하여 노동 자체를 수행이라고 본다. 이 점이 유학과 불교의 차이점이라고 할 수 있다.

아니라 낙도는 수행의 결과이자 수행 중에 간간히 맛보는 여가 활동으로 간주하였던 것이다.

노동의 탄생

물론 '수행이 과연 노동인가?' 하는 의문이 여전히 제기될 수도 있다. 즉 수행은 노동이 아니라 여가 활동이라고 할 수 있으며, 최대한 양보해서 일(Work)이라고는 할 수 있어도 노동(Labour)이라고는 말하기 어렵다는 주장이다. 이런 주장은 노동이 인류 역사 상 어느 사회에서나 보편적일 것이라는 암묵적인 가정을 내포하고 있다. 그러나 노동의 개념은 보편적인 개념이 아니라 전근대사회와 근대사회에 한정된 개념이다.

최초의 인류에게는 노동이란 개념이 존재하지 않았다. 대부분의 동물이 그렇듯이 인간의 경우에도 노동과 노동이 아닌 것은 구별되지 않았던 것이다. 원숭이가 나무에서 열매를 채취하는 것은 노동이고, 그것을 먹는 것은 여가인가? 아니면 최초의 인류가 짐승을 사냥하고 그것을 나누어 먹는 것은 노동이고, 먹고 나서 나무 그늘 밑에서 쉬는 것은 여가인가?

인류 최초의 노동은 노동 계급의 형성과 더불어 시작되었다. 집단 구성원 모두가 생산 활동, 즉 먹을 것을 구하는 활동에 종사해야만 생존할 수 있을 정도로 생산력이 지극히 낮은 사회에서는 노동과 노동이 아닌 것이라는 구별이 존재할 수 없었다. 생산력의 발전으로 노동을 하지 않고 다른 사람의 잉여 노동을 착취해서 먹고 사는 집단이 형성되면서 비로소 노동이 발생하였던 것이다. 즉 노동의 발생은 계급의 발생과 시기적으로 일치하는 것이다. 이렇게 발생한 노동은 전근대사회에서는 집단 노동으로, 그리고 근대사회에서는 개인 노동으로 전개되었다. 집단 노동이란 분리 독립된 개체로서의 개인이 나타나기 전에 자신이 속한 집단으로서 자아정체감을 가지는 시기의 노동이다. 고대 노예제 사회나 중세 봉건제 사회에서 자신의 출생과 더불어 노동의 형태가 정해지는 것이 바로 집단 노동이라고 할 수 있다. 이러한 집단 노동의 시대에서는 노동의 선택이 집단 내에 한정되고, 그러한 노동이 평생의 삶을 지배하였다.

그러나 근대 문명과 함께 노동은 여타 상품과 함께 팔고 사는 대상이 되었으며, 개인은 '자유롭게' 자신의 노동을 팔고 그 대가로 임금을 받아 삶을 영위하게 되었다. 이것이 바로 마르크스가 자본주의의 기준으로 설정한 '이중으로 자유로운 임금 노동의 출현'인 것이다. 노동의 종말이란 이러한 근대 문명의 개인 노동이 정보화의 진척과 함께 사라져 가고 있음을 지적한 것이다. 이제 인류는 다시 한 번 최초의 인류와 같이 노동이 없는 사회로 진입하고 있는 것이다.

사지노동은 이런 노동이 없는 사회를 위한 수행 노동이다. 다시 말해서 사지노동은 근대적 노동과 탈근대의 무노동 사이에서 활용 가능한 과도기적 형태의 노동이라고 규정할 수 있는 것이다. 그렇다면 수행 노동은 구체적으로 어떻게 하는 것인지 조선시대 유학자들의 사례를 통해 살펴보기로 하자.

『성학십도聖學十圖』와 경 수행

조선시대 유학자들의 수행은 곧 '경敬'의 실천을 의미하였다. 퇴계가 죽기 2년 전에 선조 임금에게 올린 『성학십도聖學十圖』는 퇴계 평생의 학문적 노력이 담겨 있는 책이다. 이 책에서 퇴계는 10개 그림을 한 글자로 표현하면 곧 '경'이라고 하였다. 이처럼 경은 조선 유학자들에게 성인이 되는 가장 중요한 수행으로 간주되었다. 그렇다면 경은 무엇이며 어떻게 실천하는 것일까?

퇴계는 『성학십도』의 <대학장大學章>에서 경敬을 주일무적主一無適, 정제엄숙整齊嚴肅, 상성성常惺惺, 기심수렴불용일물其心收斂不容一物의 네 가지로 설명하였다. 주일무적이란 마음을 전일하게 하여 다른 잡념이 들어오지 못하게 하는 수행이다. 따라서 이는 마음을 수렴하여 한 물건도 마음에 들어오지 않도록 하는 '기심수렴불용일물'과 동일한 수행이라고 할 수 있다. 정제엄숙은 몸가짐을 바르고 엄숙하게 하여 몸의 움직임 하나하나에 모두 자신의 마음이 실려 있도록 하는 수행을 말한다. 상성성은 이 모든 수행방법을 모두 포괄하는 것으로서 마음이 항상 깨어 있도록 하는 것이다.

이러한 경의 실천을 퇴계는 제9도인 <경재잠도敬齋箴圖>와 제10도인 <숙흥야매잠도夙興夜寐箴圖>에서 자세히 설명하고 있다. 경재잠도에서는 지두地頭, 즉 공간적 상황에 따른 경의 실천 방법을, 그리고 숙흥야매잠도에서는 시간적 흐름에 따른 경의 실천을 설명하고 있다. 경재잠도는 일상생활에서 공간적으로 敬하는 방법을 설명한 그림이다. 여기서 퇴계는 경이란 몸과 마음을 하나로 하는 방법(敬則心便一)이라고 하였다. 우리의 몸과 마음은 구별될 수 없다. 그래서 맘이라고 한다. 우리의 맘은 하나로 하기 어렵다. 잠시 사이에 두 가지 세 가지(便時二三个)로 갈라진다. 맘을 하나로 하는 방법은 오직 한 가지이다. 바로 지켜보는 마음(照心)을 유지하는 것이 그것이다. 지켜보는 마음은 항상 지금, 여기에 있다. 내 마음이 어제에 있든 콩밭에 가 있든, 그리고 나의 몸이 무의식적으로 행위 하더라도 지켜보는 마음은 항상 지금, 여기에 있다. 경이란 이런 지켜보는 마음을 끊임없이 작동시키는 것이다.

숙흥야매잠에서는 시간의 흐름에 따라 숙오夙寤, 신흥晨興, 독서讀書, 응사應事, 일건日乾, 석척夕惕, 겸숙야兼夙夜의 7조항으로 구분하여 항상 깨어있는 방법을 설명하고 있다. 이렇게 하면 번잡한 일상에서 "이 마음을 거둬 환하기가 떠오르는 태양과 같게 하고 엄숙하게 정제하여 허명하고 정일하게" 할 수 있게 된다. 닭이 울 때 깨어나 생각이 점차 달리기 시작할 때 그 마음을 담연하게 정돈하는 것부터, 밤에 잠자리에 들 때 야기夜氣를 모으는 행위에 이르기까지 경을 놓치지 말아야 한다. 따라서 퇴계가 말하는 경은 모든 일상생활에서 자신의 몸과 행동과 마음의 움직임을 하나도 놓치지 않고 살펴보는 것이라고 할 수 있다.

퇴계의 경 수행

퇴계는 이러한 경을 통한 수행을 구체적으로 실천하였다. 퇴계의 제자인 간재艮齋 이덕홍李德弘이 퇴계가 66세 되던 해에 월란암月瀾菴에서 함께 지내면서 남긴 기록을 통해 퇴계의 경의 실천을 살펴보자.[15)]

---

15) 정순우. 2007.『공부의 발견』. 현암사. 165~166쪽.

새벽 동틀 무렵 일어나 세수하고 의관을 갖추고 꼿꼿이 앉아 글을 읽었다. 둘째 손자 순도純道에게 사서史書를 가르치다가, 측천무후와 양귀비의 일에 이르자 거듭 탄식하였다. 이덕홍이 『심경心經』의 <수신재정기심修身在正其心> 등의 장에 대해 질문하였다. 주자서를 가지고 응사대凝思臺에 올라 한 식경 앉아 있다가 낭영대朗詠臺에 올랐는데, 그곳에 오르기가 불편하여 중에게 돌을 져다가 계단을 만들게 하였다. 어린 소나무를 사랑하여 그 가지를 솎아 주면서 그 경치가 빼어남을 감탄하였다.

새벽에 일어나 등불을 밝히고 주자서를 읽었다. 둘째 손자 순도가 강학하는 것이 능통하지 못하였으나 선생께서 친절하고 자세하게 일깨워 주셨다. 식후에 날씨가 춥다고 하면서 정상에서 낭영대를 쌓는 사람들에게 일을 중단하도록 지시하였다. 이덕홍에게 『심경』을 강의하였다. 이날 오후 바람이 잠잠해졌다. 이 때 주자서를 한 권 가지고 가서 소나무 밑에서 강독하였다. 식후에 고반대考槃臺에 나가서 낭영대를 바라보다가, 동아와 방에 들어가 저녁이 되도록 위좌危坐하였다. 해시亥時가 되기 전에 잠자리에 들었다가 자시子時에 일어나서 이덕홍에게 '경'자의 의미를 설명하였다.

위의 일화에서 눈에 띄는 것은 저녁이 되도록 위좌危坐했다는 기록이다. 위좌는 정좌靜坐의 한 방법으로 이는 성리학자들이 경의 실천함에 있어 핵심적인 수행 방법이었다.

정좌법

성리학에서 언제부터 정좌가 활용되었는지에 대해서는 분명하게 알 수 없다. 그러나 송대 성리학의 원조인 주렴계周濂溪(1017~

1073)가 그의 <태극도설太極圖說>에서 "정靜을 위주로 하여 인간의 태극, 즉 인극人極을 세운다.(主靜立人極)"라고 한 이후, 정명도와 정이천이 사람들에게 정좌를 가르쳤고, 특히 주자의 스승인 이연평李延平(1093~1163)은 정좌를 중요시하여 주자에게 정좌를 가르쳤다고 한다. 연평은 주자가 31세 되던 해에 보낸 서한에서 정좌를 다음과 같이 설명하였다.

> 내가 과거에 나예장羅豫章 선생을 따라 공부를 할 때 종일 서로 마주하고 정좌하였다. 오직 문자를 이야기할 뿐 일찍이 한마디 잡어雜語도 언급하지 않았다. 선생은 정좌하기를 매우 좋아하였으므로 나는 어느 때인지도 몰랐으며, 방을 출입할 때에도 오로지 정좌하고 있을 뿐이었다. 선생은 정중靜中에서 희노애락喜怒哀樂의 미발지중未發之中을 보게 하였으며, 그 미발시에는 어떤 기상氣象을 하게 되는지를 보게 했다.[연평답문延平答問]

여기서 연평의 정좌는 희노애락喜怒哀樂이라는 우리의 의식이 마음에 나타나기 전에, 우리 마음이 어떤 상태인가를 보기 위한 것이다. 이 상태를 『중용中庸』에서는 중中이라고 말하고 있다. 우리는 일상생활 속에서 일과 사물에 마주쳐 이치를 탐구한다. 그러나 이러한 생활 속의 이치 탐구는 마주치는 일과 사물에 따라 수없이 많기 때문에 그 근본적인 원리를 체인體認하기가 어렵다. 연평은 일상생활의 이치가 수없이 많고 다양하지만 모두 미발의 중에서 나온 것이기 때문에, 이 미발의 중을 체인하기만 하면 조리條理있는 세계를 총체적으로 깨달을 수 있다고 주장하였던 것이다. 이러한 연평의 가르침에 힘입어 주

자는 정좌를 다음과 같이 설명하였다.[16)]

> 정좌靜坐는 좌선입정坐禪入定하여 사려를 단절하는 것과 같지 않다. 다만 마음을 수렴하여 한가로운 사려가 마음대로 내달리지 못하게 한즉, 이 마음이 담연무사湛然無事하게 되어 자연히 전일해진다. 일이 있은 즉 일에 따라서 알맞게 처리하고 이미 일이 매듭지어진 즉 다시금 담연해지는 것이다.

그렇다면 정좌는 구체적으로 어떻게 하는 것일까? 퇴계는 <자성록自省錄>에서 정좌의 방법으로 세 가지를 제시하였다. 첫째로 위좌跪坐는 정갱이를 굽혀서 땅바닥에 무릎을 꿇고 넓적다리와 허리와 상체를 꼭 바르게 하여 앉는 법이다. 이러한 좌법도 일부에서는 정좌의 좌법으로 활용되었던 듯하다. 그러나 퇴계는 이러한 좌법은 장시간 수행하기에는 불편함으로 알맞지 않다고 하였다. 둘째로 좌坐는 두 다리의 정갱이를 완전히 굽혀서 두 아래 다리를 땅바닥에 닿게 하고 두 발바닥 위에 궁둥뼈를 닿아서 약간 편하게 앉는 방법이다. 이것을 다른 말로 위좌危坐라고도 한다. 퇴계는 이 좌법이 초학자에게 가장 알맞은 것이라고 하였다. 그러나 이 좌법 역시 무릎을 꿇고 앉는 좌법과 마찬가지로 장시간 수행하기는 어렵다고 할 수 있다. 마지막으로 반좌盤坐라고 불리는 또 하나의 좌법이 있다. 이것은 궁둥이를 땅바닥에 놓고 한 다리를 정갱이에서 굽혀서 완전히 땅바닥에 닿게 하고, 또

16) 『주자어류』. 권 12. <學六>. <持守> 靜坐非是要如坐禪入定 斷絶思慮 只收斂此心 莫令走作閒思慮 則此心湛然無事 自然專一及其有事 則隨事而應 事已 則復湛然矣.

한 다리를 정갱이에서 굽히고 그 발 반대 넓적다리 위에 얹고 앉는다. 이러한 반좌의 자세는 불교의 좌선과 동일하다. 이 좌법은 매우 안정되고 편안하여 장시간 앉는 데는 가장 좋다. 그래서 퇴계는 심신을 수렴하여 마음속에는 경敬을, 바깥에는 공恭을 유지할 수만 있다면 반좌의 이름을 고쳐서 정좌正坐 또는 단좌端坐라 하여 정좌의 좌법으로 사용하여도 무방하다고 하였다.

퇴계는 이러한 정좌법을 제자들에게 적극 권했을 뿐만 아니라 본인이 항상 실천하였다. 그는 이른 새벽에 일어나서 자기 방에서 정좌를 시작하고 명상에 잠겼다. 그때 그의 숭고하고 거룩한 모습은 마치 소상塑像과 같았으며, 고요히 타오르는 향불 연기 속에 그가 경敬에 이른 순간 그의 모습은 떠오르는 해처럼 장엄하였다고 한 제자는 기록하고 있다. 퇴계의 수제자인 월천 조목 또한 정좌를 꾸준히 실천하였으며 자신의 정좌를 다음과 같은 시로 표현하였다.[17)]

> 한밤중에 꿈을 깨니 등불 하나 푸르고
> 원화(元和:진액을 말함)을 빨아 삼키니 뼛속까지 맑아지네.
> 삼라만상이 모두 쉬니 모든 상념이 그치고
> 이 때 마음자리 모두 허명해지네.
> 허명함을 깨닫는 자리가 바로 참다운 마음이니
> 만상이 거울 속에 밝게 드러나네.
> 어찌 먼지 하나라도 밝음을 가리도록 하리오마는
> 거울같이 밝은 마음을 보노라니 가린 것이 오히려 심하구나.

17) 『月川集』. 권 1. <夜起呼燈 遂成尾首一體>.

이러한 정좌를 통해 도달하는 마음의 상태는 밝은 거울이나 고요한 물과 같다. 즉 사물을 있는 그대로 바라볼 수 있게 되는 것이다. 퇴계는 이를 다음과 같이 말하였다.

> 마음이 사물에 대해서 오기 전에는 맞이하지 않고 바야흐로 오게 되면 다 조응照應하고 이미 조응하고는 남아 있지 않아 그 본체의 맑음이 밝은 거울이나 고요한 물과 같아져 비록 매일 같이 일을 응접하더라도 마음속에는 한 물건도 남아 있지 않으니 어찌 마음에 해가 되겠는가?[18)]

남명의 경 수행

조선시대 선비들이 일상생활에서 경을 실천한 것은 퇴계와 그 제자들에게만 국한되는 것은 아니다. 남명 또한 경의 실천에 평생을 걸었다. 깨끗한 대접에 물을 가득 담고 두 손을 받들어 밤새도록 엎지르지 않도록 뜻을 지키는 공부를 하기도 하고, 언제나 마음이 깨어 있도록 하는 성성자惺惺子라는 방울을 허리에 차고 다녔다. 제자들에게는 언제나 "공부는 경敬을 지키는 것보다 중요한 것이 없다. 따라서 주일하는 공부에 힘을 쏟아 마음이 성성하게 깨어 있어 어둡지 않게 함이 마땅하다."[19)]고 하였으며, 자신이 존경하는 선성先聖과 주돈이, 정자, 주자의 화상을 스스로 모사하여 감실에 모셔두고 아침마다 첨배하기도 하였다.

---

18) 『退溪集』. 권 28. <答金惇敍 癸丑> 則心之於事物 未來而不迎 方來而畢照 旣應而不留 本體湛然 如明鏡止水 雖日接萬事 而心中未嘗有一物 尙安有爲心害哉.

19) 『남명선생문집』 부록 <南冥先生編年>, (又謂)學莫於持敬 故當用工夫主一 惺惺不昧.

이처럼 조선시대 선비들은 일상생활의 시간과 공간 속에서 항상 깨어있음을 실천하였다. 행주좌와行住坐臥의 모든 행동에 있어서 자신의 몸뿐만 아니라 대상과의 응대에서 발생하는 마음의 변화를 놓치지 않고 지켜보려 하였다. 이러한 지켜봄으로서의 수행이 조선시대 유학자들의 대표적인 사지노동이며, 이러한 사지노동이 사공노동의 종말에 대응하는 가장 현실적인 대안이라고 할 수 있다.

4. 여가로서의 낙도樂道

우유함영優游涵泳의 공부

일상생활의 모든 국면에서 자신의 행동과 생각과 느낌을 깨어서 지켜보는 것은 지난至難한 일이다. 그것이 정제엄숙整齊嚴肅이 되었든 주일무적主一無適이 되었든 상성성常惺惺이든 간에 일상에서의 깨어 있음은 고도의 집중력을 요하기 때문이다. 그래서 퇴계는 『성학십도』의 제8도인 <심학도心學圖>에 대한 설명에서 아성亞聖으로 불리는 안회도 세 달에 한 번은 마음이 흩어졌음을 지적하고 있다.[20] 따라서 이러한 수행을 위해서는 잠깐씩이라도 몸과 마음을 이완하는 시간이 필요하게 된다. 이를 우유함영優游涵泳이라고 한다. 우유함영은 퇴계가 서원공부에서 독서와 궁리로 집중된 마음을 이완하기 위해 고

20) 臣竊以爲求放心 淺言之則固爲第一下手著脚處 就其深而極言之 瞬息之頃 一念少差 亦是放 顔子猶不能無違於三月之後 只不能無違 斯涉於放.

안된 공부 방법이다. 즉 동재와 서재에서 경전 공부를 하면서 이루어진 팽팽한 긴장을 이완하기 위해서 자연을 이리 저리 소일하면서 문득 깨닫는 공부 방법으로서 우유함영을 제안하였던 것이다. 성현의 가르침은 집중해서 경전을 읽는다고 저절로 깨우쳐지는 것은 아니다. 오히려 긴장을 풀고 몸과 마음을 충분히 이완한 상태에서 문득 성현의 말씀이 체득되는 경우도 있는 것이다. 서원에서 반드시 사우祠宇와 함께 정자를 설치하는 이유는 바로 이러한 우유함영의 공부 방법을 위한 것이었다.

우유함영과 같이 수행을 통하여 긴장된 몸과 마음을 이완하는 공부를 낙도樂道라고 한다. 조선시대 선비들은 깨어 있는 일상으로서의 수행 노동 중 틈틈이 자연 속을 소일하며 도를 즐기는 것으로서 여가로 삼았다.

> 아름다운 풀로 봄 산에 푸르름 가득한데
> 옥 같은 시냇물 사랑스러워 늦도록 앉아 있노라
> 한 세상 살아가노라면 세상 얽매임 없을 수 없기에
> 물과 구름을 다시 물과 구름에 돌려 보낸다.[21]

두 가지 즐김

낙도樂道가 도를 즐기는 것이라고 할 때 도는 무엇이고, 즐긴다는 것은 어떻게 하는 것일까? 『논어論語』에는 즐김(樂)을 두 가지 형태

21) 『남명집』. 권 1. 칠언절구. <讀書神凝寺> 瑤草春山綠滿圍 爲憐溪玉坐來遲 生世不能無世累 水雲還付水雲歸.

로 구별하여 말하고 있다. 먼저 한 가지는 공자의 수제자인 안회顔回가 곤궁한 생활 속에서도 고치지 않았던 즐김이다. 즉 「옹야장雍也章」에서 공자는 "어질다, 안회여. 한 그릇의 밥과 한 표주박의 물(一簞食 一瓢飮)로 누추한 시골에 있는 것을, 딴 사람들은 그 근심을 견디어 내지 못하는데, 안회는 그 즐김을 변치 않으니, 어질다, 안회여". 라고 하였다. 여기서 물론 안회가 누추하고 가난한 생활 그 자체를 즐겼다는 의미는 아니다. 그렇다면 안회는 무엇을 즐긴 것일까? 주돈이周惇頤는 제자인 이정二程에게 '공자와 안회가 즐겼던 것(孔顔樂處)을 찾도록 가르쳤는데, 이후 많은 유학자들이 이 즐김을 찾기 위해 노력하였다.

또 한 가지의 즐김은 「선진장先進章」에서 증점曾點이 대답한 "늦봄에 어른 5, 6명과 동자 6, 7명과 함께 기수沂水에서 목욕하고, 무우舞雩에서 바람 쐬고 노래하며 돌아오는", 즐김이다.

안회의 즐김과 증점의 즐김은 어떻게 다른 것일까? 안회의 즐김은 '자기를 이겨 예로 돌아가서 인이 되는(克己復禮爲仁)' 즐김이다. 일상생활 속에서 분리 독립된 '나'라는 생각을 극복하고 천지 자연의 질서와 하나가 되는 즐김이다. '인이 된다(爲仁)'는 것은 물론 내 밖에 있는 그 어떤 것을 내면화하는 것은 아니다. 인이 된다는 것은 진정한 나의 본성인 사랑(仁)을 실현하는 것이다. 이러한 나의 본성으로서의 인을 실현할 때 생활의 곤궁함조차 편안하게 여길 수 있다.

반면 증점의 즐김은 내 밖에 있는 외적 본성, 즉 자연을 즐기는 것이다. 아름다운 산과 강과 들판과 계곡과 구름과 계절을 즐기는 것이 증점의 즐김이다. 이 두 가지 즐김에 대한 평가를 통해 후대의 유학자들은 두 가지 계열로 구분된다. 두 가지 즐김 모두 중요시하는 계열과 안회의 즐김은 높이 평가하지만, 증점의 즐김은 폄하하는 계열이 그것이다. 전자의 계열에 속하는 유학자는 주돈이, 소옹, 명도明道, 양명陽明 등이고 후자의 계열에 속하는 사람은 이천伊川, 주자朱子 등이다. 주돈이의 광풍제월光風霽月, 소옹의 소요안락逍遙安樂, 정호의 음풍농월吟風弄月은 전자의 계열에 속하는 주장들이다. 반면 주자는 『논어집주論語集註』에서는 증점의 즐김을 "가슴속이 느긋하여 곧장 천지만물과 아래위로 함께 흐르는 것(胸次悠然 直如天地萬物上下同流)"라고 비교적 긍정적으로 평가하였지만, 다른 곳에서는 '안회의 즐김은 평담平淡하고 증점의 즐김은 힘들고 번잡하다.(勞攘)' 고 하였다.[22] 주자가 이처럼 증점의 즐김에 대해 부정적으로 보는 것은[23] 그것이 성인의 우환의식과 양립하기 어렵다고 보았기 때문이다. 그러나 성인의 우환의식은 '사람들이 고통에서 벗어나기를 바라는 마음' 이기 때문에 근원적으로 사랑으로서의 인仁과 다르지 않다. 주자는 아마 이 점에 대한 이해가 부족하지 않았나 생각된다.

결론적으로 인이라고 하는 것이 나의 본성이고 그 본성 역시 자연의 하나라면 안회의 즐김은 내적 본성인 인仁을 즐기는 것이고, 증점의 즐김은 외적 본성인 자연을 즐기는 것으로 정리할 수 있다.

---

22) 顔子之樂平淡 曾點之樂勞攘. 진래. 2003. 전병욱역. 『양명철학』. 예문서원. 35쪽.

23) 주자의 증점에 대한 비판은 여러 곳에서 나타난다. "증점의 성격은 장자와 비슷하다."(어류 권40 1027쪽), "증점에게는 노장의 성격이 있는 것 같다."(어류 권40 1028쪽) "내 평소에 사람들이 이 말(증점을 인정한다는 말) 하는 것을 좋아하지 않았다."(어류 권117 2820쪽) 등이 그것이다.

화음동 계곡

1990년 나는 숙명여대 대학원생들과 화천에 있는 화음동華陰洞 계곡에 답사를 다녀온 적이 있다. 늦가을인지 초봄인지 기억이 가물가물하지만 인문석人文石에 새겨진 글자와 도상은 희미하였고, 삼일정三一亭을 잇는 한래왕교閒來往橋는 흔적도 찾기 어려웠다. 답사의 계기는 유준영의 "조형예술과 성리학"[24]를 읽고 그 곳에서 유학자들이 어떻게 자연과 하나 되는 삶을 살았는지 실제로 확인하기 위한 것이었다. 그러나 화음동 계곡은 이름 그대로 음산하기 그지 없었다.

화음동 계곡은 조선 후기 김수증(1624~1701)에 의해 조성된 수행공간으로 철저하게 자연과 하나가 되는 삶을 살기 위해 조성된 공간이다. 이를 처음 소개한 유준영에 의하면 한래왕교는 음양소식陰陽消息의 원리에 의거 만들어졌으며, 이는 소강절邵康節의 <관물음觀物吟>이라는 시에 연원한다고 한다. 즉 소옹은 이 시에서 "건괘乾卦와 손괘巽卦가 만나는 때에 월굴月窟을 보고 건괘乾卦와 진괘震卦가 만나는 곳에서 천근天根을 본다. 이렇게 천근과 월굴 사이를 무심히 오가니 바로 유행하는 자연의 이치가 아닌가?"[25]라고 하였다. 여기서 건괘와 손괘가 만나는 곳이란 구姤괘를 말하고 곤괘와 지괘가 만나는 순간은 복復괘를 말한다. 선천도先天圖에서 복괘에서 건괘까지가 양이고, 구괘에서 곤괘까지가 음이므로 이것이 음양소식의 원리이고, 한래왕교는 이를 공간적으로 상징한 다리라는 것이다.

---

24) 『한국미술사 논문집』. 1984.

25) 乾遇巽時觀月窟 地逢雷處看天根 天根月窟閒來往. <觀物吟二首> 其一. 위의 논문.

유무합일有無合一의 경지

우주적 존재로서의 '나'의 실현은 곧 자연과 하나 되는 삶을 실현하는 것이다. 소옹邵雍은 『관물내외편觀物內外篇』에서 '나의 입장에서 사물을 보느냐(以我觀物), 사물의 입장에서 사물을 보느냐(以物觀物)'로 나누어, 사물의 입장에서 사물을 볼 수 있어야 유무합일有無合一의 경지에 도달할 수 있다고 하였다.[26] 왕국유王國維의 시 "이슬 맺힌 눈으로 꽃을 향해 묻지만 꽃은 대답하지 않고, 흩날리는 붉은 꽃잎 그네를 스치며 떨어지네.(淚眼問花花不語 亂紅飛過鞦韆去)"는 나의 입장에서 사물을 보는 것이고, "동쪽 울타리 아래에서 국화를 꺾다가 유연히 남산을 바라본다.(彩菊東籬下 悠然見南山)"는 시는 사물의 입장에서 사물을 보는 것이라고 하였다.[27] 이러한 유무합일의 경지는 곧 경敬이라는 수행의 최종 목표이고 도달처인 것이다.

> 경敬이란 사물의 본질이 왜곡되지 않고 환하게 읽힐 수 있도록 일체의 편견이나 선입관이 배제된 마음의 상태이다. 자연을 자연 그 자체로 이해하기 위해서는 경을 통해 고착된 자아를 벗어 버릴 때 가능하다. 이 때 비로소 대상과 나는 하나가 된다. 나의 주관적인 판단 행위가 정지될 때 대상은 그 본질을 드러낸다. 이 때 경은 동정을 초월하고 내외를 아우르게 된다.[28]

---

26) 전병욱역. 앞의 책. 411쪽.

27) 王國維. 『人間詞話』. 전병욱역. 위의 책. 25쪽에서 재인용. 이 책에서는 앞의 시에서 추천을 秋千이라고 하고 있는데, 誤記라고 판단되어 鞦韆으로 수정하였다.

28) 정순우. 앞의 책. 200쪽.

우리는 경의 수행을 통해 '나'를 극복할 수 있다. 그리고 극복된 나를 통해 비로소 자연의 아름다움을 즐길 수 있게 된다. 김수증은 한래왕교를 오가며 소강절邵康節이 말하는 유무합일의 경지를 체득하였을까?

5. 사지 노동의 복원

현대 문명의 세 가지 기둥

현대 문명을 구성하는 세 가지 기둥, 즉 분리 독립된 개인과 그 개인이 갖는 최고의 능력으로서의 이성, 그리고 개인의 자아실현의 수단으로서의 노동이 점차 뿌리로 부터 붕괴되고 있다. 붕괴의 근본적인 원인은 현대 문명을 설계한 계몽주의자들이 본래부터 수단이었던 것을 목적으로 착각하였던 데 있다. 분리 독립된 개인은 그것을 극복하여 모두가 상즉相卽 상입相入하는 통일체임을 자각하기 위한 수단일 뿐이며, 인류를 미신과 몽매로부터 해방시킨 인간의 이성은 존재계의 궁극적인 원리를 체득하기 위한 영성靈性의 보조 능력일 뿐이며, 노동은 진정한 자기가 아닌 분리 독립된 개인으로서의 자아를 실현하기 위한 한 가지 수단일 뿐인 것이다.

현대 문명은 지금 심각한 위기에 처해 있다. 계몽주의자들은 이성을 활용한 과학기술의 발전을 통해 인간의 욕망을 충족시켜주면 행복해질 것으로 믿었지만, 오히려 인간은 더 깊게 불행을 느끼고 있다. 또한 인간 욕망 충족을 위한 자연의 파괴는 인간뿐만 아니라 지구상의 모든 생명의 멸종을 앞당기고 있다.

그리스의 철학자 피타고라스는 "만물은 친족성(親族性)이 있다."는 위대한 말을 남겼다. 즉 지구상의 모든 존재가 친척관계로 서로 연관되어 있다는 말이다. 비단 생물체뿐만이 아니라 무생물에 이르기까지 삼라만상이 인과관계에 의해 조화롭게 움직인다는 주장인 것이다. 따라서 요즈음 많이 회자되고 있는 생물다양성의 보호는 사실은 인간 스스로를 보호하기 위한 것이다. 생물다양성 없이 인간만이 독존獨存할 수 없기 때문이다. 현재 생물다양성은 심각한 위협을 받고 있다. 매년 개발 및 오염에 의해 2만5천~5만 종이 사라져가고 있다. 이 추세대로라면 2010년까지는 1백만 종이 사라질 것으로 보인다. 그리고 향후 20~30년 내에는 지구 전체 생물 종의 25%가 멸종될 것으로 전문가들은 예측하고 있다. 피타고라스의 지적과 같이 생태계의 모든 생물은 친척이며 그물망과 같은 상호 연관 속에서 공생과 상생하며 조화롭게 살아가고 있다. 그러한 조화를 깰 때 인류는 큰 재앙에 직면하게 될 것이다.

위대한 침묵

조선시대의 사지노동은 분리 독립된 개인을 넘어 하늘과 땅에 가득 차 있는 것이 나의 몸이며(天地之塞吾其體), 하늘과 땅을 통솔하는 것이 나의 본성임(天地之帥吾其性)을 입증하기 위한 것이었다. 물론 이러한 입증은 반드시 이성보다 높은 인간의 능력을 필요로 하는 것임에 틀림없다. 물론 우리는 이성을 활용해서도 우주적 나를 발견할 수 있다. 나의 몸과 나의 생각, 나의 경험의 총체 이전에 그러한 나를 있게 한 근원적인 나를 추론할 수도 있을 것이기 때문이다. 그렇지만 이러한 앎은, 이러한 지식은 단지 내가, 나의 존재가 그 근원적인 내가 되는 것과는 다르다. 불교에서 앎의 단계를 신信－해解－행行－증證이라고 하듯이, 그러한 앎은 나의 행동으로 그리고 그러한 행동을 통한 증명으로 확인되어야 한다. 나의 삶이, 나의 존재가 그러한 진리의 증거가 되어야 비로소 '나는 우주적 자아이다.' 라고 말할 수 있는 것이다. 조선시대의 선비들은 그러한 목표를 가지고 삶을 살았던 것이다.

그렇다면 오늘날 어떤 노동이 사지노동에 해당될까? 아마 일부 불교나 카톨릭 성직자들이 담당하는 노동이 사지노동에 해당될 수 있다고 할 수 있을 지도 모른다. 어쨌거나 그들은 신도들이 제공하는 밥에 의해 살아가기 때문이다. 신도들은 왜 그들에게 밥을 제공하는 것일까? 최근 개봉된 '위대한 침묵' 이라는 영화에 나오는 수도사들은 세상과 격리되어 오로지 그들만의 삶을 살아간다. 세속에서 신도들의 삶을 계몽하고 이끄는 신부들과는 달리 그들은 오로지 자신의 영성靈性을 위해 살아가고 있다. 그럼에도 왜 신도들은 그들에게 밥을 제공하는가? 우리나라의 승려들도 마찬가지이다. 우리나라의 풍광이 좋은 곳에 위치한 수많은 선원에서는 신도들의 밥을 얻어 먹으며 오직 자신의 깨달음을 위해 참선에 몰두하는 승려들이 많이 있다. 왜 신도들은 그들에게 밥을 제공하는가?

현대 문명 속에서 대부분의 사람들은 분리 독립된 자아의 자기 확대 투쟁을 위하여 하루하루를 살아가지만 그러한 삶이 본질적인 것이 아님을 눈치채고 있는 것은 아닐까? 분리 독립된 자아의 자기 확대 투쟁이 결국 충족될 수 없는 목마름이라는 것을 어렴풋이 느끼고 있는 것은 아닐까? 그래서 아직도 그러한 본질적인 삶을 추구하는 사람들이 존재한다는 것을 다행으로 여기며, 그들에게 밥을 제공하는 것은 아닐까? 본질적인 삶을 살아갈 용기가 없는 사람들도 가끔은 수행과 낙도를 배우기 위해 오히려 돈을 내는 경우도 있다. 사찰에서 운영하는 단기출가나 성당에서 제공하는 피정의 경우가 대표적인 사례라고 할 수 있다.

그러나 이러한 경우를 제외한다면 현대문명의 기준에서 볼 때 조선시대의 사지노동은 오늘날의 어떤 노동의 범주에도 포함되기 어렵다고 생각된다. 더구나 경명행수經明行修하여 국민의 사범師範이 될 만한 인물을 국가가 별도로 양성, 보급하는 것은 현대 문명이 추구하는 평등의 원리에도 맞지 않을 것이다. 그러나 탈현대사회의 설계와 관련하여 조선시대의 사지 노동은 여전히 시사하는 바가 적지 않다고 생각된다. 먼저 탈현대사회에서도 여전히 남아있는 노동이 수행과 낙도로서의 활동이 되어야 한다면, 어떤 방식으로 노동을 수행해야 수행과 낙도가 될 수 있는지 사지노동이 잘 보여주고 있다. 즉 노동을 할 때 깨어있는 활동이 되어야 수행으로서의 노동이 될 수 있고, 또 자신의 내적 자연인 본성을 즐기는 것이 되어야 낙도로서의 여가가 될 수 있는 것이다.

자발적 백수

또 한 가지는 청년 실업이 가파르게 증가하고 있는 지금 이 시점이야말로 이러한 사지 노동에 대해 국가나 사회가 지원을 해야 할 때라는 것이다. 관공서나 기업체에 인턴사원을 채용하도록 하여 보조금을 지급하거나, 아니면 사회봉사와 같은 사회적 노동에 대해 국가가 지불하는 것은 실업자들의 생계에 일정 부분 도움을 준다는 것 외에는 아무런 의미가 없다. 그 일이 일시적인 것이기 때문에 자신의 자아실현이나 자아 정체감을 갖도록 하는데 아무런 도움을 주지 못하기 때문이다.

2010년 3월 10일 고려대 경영학과 3학년에 재학 중이던 김예슬 학생이 자퇴 선언을 하였다. 그는 "대학은 자본과 대기업에 '인간제품'을 조달하는 가장 효율적인 하청업체가 되었다."고 하였다. 그의 말과 같이 오늘날 우리의 대학은 소위 '정규직'이라고 하는 대기업과 공기업, 공무원이 되기 위한 준비 장소가 되었다. 대학뿐만이 아니다. 초등학교부터 이루어지는 모든 공부는 얼마 남지 않은 정규직을 차지하기 위한 만인에 대한 만인의 투쟁의 장이 되었다. 김예슬 학생의 자퇴 선언이 주는 파장은 그러한 투쟁의 한복판에서 자발적으로 뛰쳐나왔다는 것이다.[29] 이러한 '자발적 백수'를 선택하는 사람은 앞으로 더욱 증가할 것이다. 20대 80이라는 현재와 같은 정규직과 비정규직의 비율이 향후 10대 90으로, 나아가 5대 95로 바뀌게 되면 대부분의 학생들이 초등학교 시절부터 정규직 경쟁에서 뛰쳐나와 자발적 백수의 길을 선택하게 될 것으로 예측된다.

---

29) 김예슬 학생은 경향신문과의 인터뷰에서 '교육과 대학이라는 것이 모든 사람들의 고통이 돼 버렸다.'고 하면서 다음과 같이 말했다. "우리 시대의 대학은 공고해진 하나의 거대한 자격증 장사 브로커가 됐다. 기업에 인재를 조달하고 채용 일체고사를 기업 대신 실시해 등급을 매기고 있다. 대학의 존재 자체가 변화된 상황에서 안에서 바꾸는 것 이외에 근본적인 문제 제기가 필요하다고 생각했다. 성적경쟁의 의자에 앉아 하루하루를 꾸역꾸역 살아야 하는 지금의 삶이 되레 더 극단적인 것 아닌가."

따라서 지금 이 시점에서 중요한 것은 노동을 대신해서 진정으로 자기를 실현할 수 있는 대안을 제시해 주는 것이다. 즉 노동이 아니라 수행과 낙도를 통해 진정한 자기를 실현할 수 있음을 보여주어야 할 때라는 것이다. 물론 이것은 탈현대 사회의 전체적인 실현과 맞물려 있다. 탈현대 사회의 실현의 중심에 있는 것이 교육이다. 현대 문명의 실현은 제도적 구조적 장치를 통해 이루어졌지만, 탈현대의 실현은 감동을 통한 인간의 변화를 통해 실현되기 때문이다. 『중용中庸』에서는 '성실하면 드러나고 드러나면 더욱 드러나고 더욱 드러나면 밝아지고 밝아지면 감동시키고 감동시키면 변하고 변하면 화할 수 있다.'[30]고 하였다. 즉 궁극적인 변화는 나의 변화에서 시작되어 다른 사람에 대한 감동으로 확대된다는 것이다. 이러한 교육은 초등학교에서부터 시작되어야 한다. 그리고 이런 교육을 담당할 교사를 양성하는 것이 무엇보다도 시급하다.

청년 실업 문제 해결과 탈현대 실현을 위한 교사 양성과 관련하여 한 가지 제안을 하고 싶다. 그것은 조선시대의 사지노동과 같이 수행과 낙도를 위한 프로그램에 참여하는 사람들에 대해서 국가나 사회가 적극 지원해 주는 것이다. 예컨대 청년 실업자들로 하여금 단기 출가와 같은 수행 프로그램에 참여하는 것에 국가나 사회가 지원하는 것이 그것이다. 그리고 이러한 프로그램을 통하여 수행과 낙도로서의 자기실현을 이룬 사람들을 교사로 활용하는 것이다. 이것이 노동의 종말에 대응하는 가장 구체적이고 현실적인 대안이다. '일자리 백만

30) 誠則形 形則著 著則明 明則動 動則變 變則化.

개 창출'을 위해 무의미하게 사용하는 예산을 '청년 수행자 백만 명 양성'을 위해 사용한다면, 우리가 지향하는 탈현대 사회는 멀지 않을 것이다.

참고문헌

『南冥先生文集』(영인본). 민족문화추진회.

『南冥集』(영인본). 민족문화추진회.

『論語』(영인본). 1989. 학민문화사.

『孟子』(영인본). 1989. 학민문화사.

『中庸』(영인본). 1989. 학민문화사.

朱熹. 『朱子語類』. 黎靖德(編). 王星賢(點校). 1994. 中華書局

『太祖實錄』(영인본). 민족문화추진회.

『退溪全書』(영인본). 1971. 成均館大學校 大東文化硏究院.

『退溪集』. 陶山書院刊.

김진편. 2003. 『너 자신을 혁명하라』. 오늘의 책.

도미니크 슈나페르. 2001. 김교신역. 『노동의 종말에 반하여』. 동문선.

안성복. 1991. 이채구 역. 『下學指南』. 신성문화사

유승무. 2009. 「좋은 노동을 위한 발상의 전환」. 동양사회사상학회 2009 기획학술대회 발표 논문집.

유준영. 1990.「한국전통건축의 기호학적 해석-華陰洞精舍를 중심으로」.『미술사학』2.

리프킨(J. Rifikin). 2003. 이영호역.『노동의 종말』. 민음사.

정순우. 2007.『공부의 발견』. 현암사.

정재걸. 2006.「논어와 탈근대교육의 설계」.『동양사회사상』14.

진래. 2003. 전병욱역.『양명철학』. 예문서원.

한재오, 윤영활. 2005.「水石景觀에 기초한 華陰洞精舍의 공간 특성」.『조형예술연구 논문집』6.

허창수, 정용교. 2003.『역사 속에서 바라본 노동개념의 변화』. 도서출판 영한.

홍승표. 2009.「통일체적 세계관과 인간적 노동의 구현」. 동양사회사상학회 2009 기획학술대회 발표 논문집.

小倉紀藏. 1998.『韓國は 一個の 哲學である』. 講談社.

【 저자 소개 】

이영찬 E-mail : lyc@kmu.ac.kr

경북대학교 사회학과를 졸업하고, 프랑스 프랑쉬-꽁떼 대학에서 사회학 박사학위를 받았다. 현재 계명대학교 사회학과 교수로 재직 중이며, 주요 관심분야는 유교사회학이다. 주로 유교 사회사상을 사회학 이론화하는 작업에 노력을 기울이고 있다. 저서로는 『유교사회학』(2000), 『유교사회학의 패러다임과 사회이론』(2008) 등이 있다.

정재걸 E-mail : jgjung@dnue.ac.kr
Homepage: vision.dnue.ac.kr/~jgjung

서울대학교 교육학과를 졸업하고 동대학원에서 박사학위를 받았으며, 현재 대구교육대학교 교육학과 교수로 재직 중이다. 저서로는 『만두모형의 교육관』(2001), 『동양사상과 탈현대의 죽음』(2010) 등이 있으며, 주요 논문으로는 「전통교육, 근대교육, 탈근대교육」, 「복기초의 의미에 대한 일 고찰」 등이 있다.

신종화 E-mail : jhshin@assist.ac.kr

고려대학교 사회학과를 졸업하고, 영국 워릭(Warwick)대학교에서 사회학박사 학위를 취득하였다. 성균관대학교, 고려대학교, 전남대학교 등에서 연구원 및 연구교수 활동을 하였으며, 현재 서울과학종합대학원대학교에 재직중이다. 사회이론, 사회변동, 국제비교 및 여가학 등에 관심을 갖고 있다. 특히 동양사회사상적 전통과 여가이론의 결합을 위한 연구를 진행하고 있다. 주요 저작으로는 『동양사상과 탈현대의 여가』(2006), 「여가 개념의 새로운 지평」 등이 있다.

유승무 E-mail : smlew691@hanmail.net

중앙승가대학교 포교사회학과 교수로 재직중이다. 한양대학교 사회학과를 졸업하고 한국학중앙연구원 한국학대학원에서 석사과정을 마쳤으며, 한양대학교 사회학과에서 박사학위를 받았다. 현재 저서로는 『반월공업공단 노동자계급형성과정』(1994), 『불교사회학』(2010), 『시민사회와 종교사회복지』(공저) (2003) 등이 있으며, 「베버의 대승불교해석에 대한 비판적 이해」, 「불교와 마르크스주의의 同夢異床」 등 다수의 연구논문이 있다.

홍승표 E-mail : smlew691@hanmail.net

고려대학교 사회학과를 졸업하고, 미국 아이오아 주립대학교에서 사회학 박사학위를 받았으며, 현재 계명대학교 사회학과 부교수로 재직하고 있다. 주요 관심 분야는 동양 사상을 바탕으로 새로운 사회이론을 구성하는 것이다. 현재 과학 이후 새로운 학문의 패러다임을 구축하는 『신학문(Beyond Science)』의 저술에 전념하고 있다. 저서로는 『깨달음의 사회학』(2002), 『동양 사상과 탈현대』(2005), 『노인 혁명』(2007) 등이 있으며, 주요 논문으로는 「현대사회학의 인간관 비판과 유가 인간관의 사회학적 함의」, 「동아시아 사회 사상과 새로운 사회관의 모색」 등이 있다.

홍원식 E-mail : wsh683@kmu.ac.kr

계명대학교 철학과 교수로 재직중이다. 『오늘의 동양사상』 발행인 겸 편집주간. 고려대학교 철학과를 졸업하고 같은 대학 대학원에서 박사학위를 받았다. 현재 대표 저서로 『한주 이진상의 생애와 사상』(2008), 『심경부주와 조선유학』(공저)(2008) 등이 있고, 역서로는 『중국철학사』(2005) 등이 있으며, 주요 논문으로는 「정주학의 거경궁리설 연구」(박사학위 논문), 「주륙화회론과 퇴계학의 심학화」 등이 있다.